往生要集を読む

中村　元

講談社学術文庫

はしがき

「地獄と極楽」ということばは、今の日本人のあいだに生きている。「地獄」とは何を言うか？　「極楽」とは何を言うか？　――人々の理解は必ずしも一定していないが、漠然となからも、多くの人々はなんらかの像をえがいている。

こういう理解は、浄土教に由来する。浄土教は、千数百年にわたって日本人の心情をはぐくんでくれた。

日本において浄土教を思想的に確立したのがこの『往生要集』である、と言うことができるであろう。

『往生要集』については研究書や論文も多いので、正面からぶつかることはそれらの労作にゆずることにして、わたくしは特定の観点から光を当ててみることにした。すなわち、『往生要集』がインドのもとの浄土教に比べていかなる点で発展を示し、いかなる点でゆがめているか、ということを、引用文のサンスクリット（またはパーリ）原典との対比考究をなすことによって、この書のもつ特徴を明確に浮かび上がらせようとするのである。

こういう検討はいつかしてみたいと思っていたが、今ここに曲りなりにもせよまとめることができたのは、岩波書店の都築令子、鈴木稔両氏のたえまない慫慂によるものである。また校正については長島陽子さんに大変お世話になったが、ここにしるしてこれらの方々のご好意に感謝の意を表したい。

一九八三年三月

中村　元

目次

往生要集を読む

本文を読む前に

「地獄・極楽」ということをわれわれ日本人はよく口にする。ところがインド思想ないし一般仏教思想においては、諸々《もろもろ》の地獄に対立するものは、諸々の天の世界であり、〈極楽〉とは、大乗仏教で考えられるに至った多数の仏国土のうちの一つにすぎない。

インド仏教からシナの天台教学に至るまでの伝統においては、地獄と極楽とを特別に対比することは起らなかったし、もしも対比させるような試みが起ったら、それは滑稽なものに見えたであろう。両者は、教義学的には、対蹠的なものとしては結び付かないからである。

ところが、われわれ日本人のあいだでは〈地獄と極楽〉を対比的に表現することは、少しもおかしいことではなくて、むしろ定着しているとさえ言えるであろう。そのような表現の源流をさぐってみると、わが国において「地獄」と「極楽」がよく対《つい》にされるのは、恐らく源信の『往生要集』の影響であろう。決してそれだけではないであろうが、少なくとも漢文の読めた学僧・知識人のあいだでは、その影響は圧倒的に強かったと思われる。

漢文で書かれている『往生要集』をいきなり読むのは容易でない。先ず漢文の書き下しの助けを借りて読みたいという方は、

花山信勝訳註『往生要集』（「岩波文庫」、昭和十七年）
石田瑞麿『源信』（『日本思想大系』6、岩波書店、昭和四十五年）

を読まれたらよい。それでもまだむずかしいから口語訳（現代語訳）を読みたいという方は、

石田瑞麿訳『往生要集　日本浄土教の夜明け』1および2（平凡社「東洋文庫」8、21、昭和三十八年、三十九年）
花山勝友訳『往生要集』（徳間書店、昭和四十七年）

を参照されたい。後者は、口語訳を原漢文と対照し、懇切なフリガナまでもつけてある。上述の諸研究は、いずれも、源信の引用した諸文献の出典を『漢訳大蔵経』について精細に吟味してある。

また川崎庸之責任編集『源信』（中央公論社『日本の名著』4、昭和四十七年）にも秋山虔・土田直鎮・川崎庸之三氏の訳になる現代語訳がおさめられているが、引用文の出典の検討はなされていない。しかし歴史的人物としての源信ならびにその歴史的背景をくっきりと浮び上らせているところに特徴がある。単に『往生要集』ばかりでなく、『横川首楞厳院《よかわしゅりょうごんいん》二十五三昧起請《ざんまいきしょう》』『二十五三昧式』『二十五三昧根本結縁衆《けちえんしゅう》過去帳』『首楞厳院二十五三昧結縁過去帳』『霊山院《りょうぜんいん》過去帳』ならびに若干の源信伝が現代語訳されている。またこれに付せられた「書名索引」も便利である。

これらの口語訳によって本当の意味の学問的理解の道が開けたと思う。漢文の書き下しだ

と、よく意味の解らぬところでも書き下してしまえばよいが、口語訳ではゴマカシが許されない。何とかわれわれのことばで表現せねばならぬからである。

すでにこういう良書が現れているのであるから、以下においてわたくしが述べるのは、特定の視点からの論述検討である。

先ず『往生要集』全体の構成を簡単に紹介して思想的に問題となる点を指摘する。その場合、従来の思想史家・仏教史家によって問題とされている点を全面的に取り上げることはできないので、わたくしにとっての〈問題〉だけを論じることとした。すなわち、

『往生要集』は、源信自身がこの書の最初に述べているように、諸経論の中から浄土に関する要文をとり出して集めたものである。この書の全体の三分の二は、経論の文句の引用である。

その場合に、源信は右の経論の文句を忠実に正しく理解したのであろうか？　かれの立論の根拠（経論の文句）は、正当であったろうか？　かれの理解したとおりであったのであろうか？

これは容易なことではない。博学であった源信以上に漢文の読解に自信のある学者はなかなか得られないであろう。

しかしここに一つの道がある。前世紀から今世紀にかけて主として南アジアに伝わった古代インドの諸言語（サンスクリット、パーリ語、諸種のプラークリット語など）で書かれた

原典が多数刊行されるに至った。源信の引用した経文を、これらの原文と比べてみるという方法をとったならば、いったい、どういうことになるであろうか？

『往生要集』の大部分は経文や仏典からの引用であり、それらの引用文（漢文）は、すでに諸家の読まれた以外に読み方のないものであるが、それらのうちサンスクリットやパーリ語などの原文のあるものは、これを原文から訳出してみた。引用文でその原文の見つかったものは、いちおう全部邦訳したつもりであるから、古代インドなどの原文に関する限りは、一つのまとまったハンド・ブックが出来たといえよう〔ただし原典の出典をこまかに列挙したり考証することは、省略した。関連のある岩波文庫本、あるいはわたくしの論文のページ数を挙げておいたから、関心のある方は、それを手がかりにされれば、原文を検出し得るはずである〕。

もちろん、いま見つかっているサンスクリットまたはパーリ語などのテクストがそのまま昔の漢訳者の依拠した原文であったとは言えない。後代の南アジアの人々が加筆・増広した可能性が、充分に考えられるからである。しかし、もとは一つであるから、やはりこの仕事は必要であると思われる。

『往生要集』は漢文で書かれているが、今は『日本思想大系』におさめられている石田瑞麿氏の漢文書き下し文によって引用した。若干、解り易くするために加筆したところもある。またサンスクリットの音写語には、私見により原語を括弧の中に挿入しておいた。音写である場合には、漢字の意義に拘泥する必要がないからである。石田氏の漢文書き下し文では、原漢文の割書きは〈　〉を付し一行小活字で組んであるので、それにならった。ただしいまのわたくしの目的にとって不必要なものは省いてある。また、『往生要集』引用の各末尾にある（〇〇ページ）は、右の思想大系本『源信』のページをあらわしている。解釈については、花山勝友氏の口語訳もたいそう参考になった。

以上の仕事は、さらに次の考究を可能ならしめることになる。

〔一〕この手つづきによって、場合によっては、漢文の読み方を修正することができる。

〔二〕引用されている経典の文章には、原文に無いのに、シナ人の翻訳者が自分の理解をもち込んでいる箇所が、しばしば見られる。ここに南アジアの諸民族とは異なった、シナ人独自の理解のしかたが認められる。時にはシナ人の翻訳者が原文をねじ曲げたとしか思われない場合がある。

〔三〕さらに経文を引用する場合に、源信独自の解釈によって、原文の意味するところとは異なったふうに解釈され、理解されている箇所がある。ここに源信自身の思想が認められるし、やがては日本独自の浄土教の発展の萌芽をつきとめることができるであろう。

右の手つづきを踏むならば、これらの仏典の文句について、インド人の理解と、シナ人・日本人の理解との相違を確実に解明する手がかりが与えられるのではないかと考えられる。

原文との対比によって面白い結果の出た場合もあるし、そうでない場合もあるが、とにかく訳出しておいた。将来の読者・研究者のために何らかの参考になると思ったからである。源信はこの著『往生要集』によって日本浄土教の教義の基礎をつくったと言えよう。法然も親鸞もこの基礎の上に自分たちの思想を展開したのである。

源信は、天慶五年（九四二）に、卜部正親《うらべまさちか》の長男として大和国葛城《かつらぎ》郡に生まれ、七歳のとき父が亡くなり、九歳のとき比叡山にのぼって良源に師事した。自らは高い地位に登ることを欲せず、横川《よかわ》の恵心院《えしんいん》に住し、ひたすら浄土に生れることを願って修行をつづけながら著作に従事した。世に恵心僧都《えしんそうず》とか横川僧都とよばれる。寛仁元年（一〇一七）、七十六歳でなくなった。

かれは恐ろしく博学な人であった。著述も多く、七十余部百五十巻に達したという。著書は『恵心僧都全集』五巻におさめられている。因明《いんみょう》にさえも通じていた。天台宗では後代には恵心流の祖と仰がれ、また浄土真宗では、七高僧のうちの第六祖として尊敬されている。『往生要集』は宋に送られて、かの地の僧侶の尊崇を受けたという。それがどこまで事実であるかは検討を要するが、過去（明治維新以前）に日本の思想家でアジア大陸で評価を受けた人は絶無に近い。源信に見られる〈普遍性志向〉は、日本の思想史において非常に重要である。

序

『往生要集』の冒頭において源信は、濁り汚れた末世では〈念仏の教えにたよるのでなければ凡夫は救われない〉という趣旨によって、諸々《もろもろ》の経典の文句を集めたのだと言う。

それ往生極楽の教行《きょうぎょう》は、濁世《じょくせ》末代の目足《もくそく》なり。道俗貴賤、誰か帰せざる者あらん。ただし顕密《けんみつ》の教法《きょうぼう》は、その文《もん》、一《いつ》にあらず。事理《じり》の業因《ごういん》、その行《ぎょう》これ多し。利智精進《しょうじん》の人は、いまだ難《かた》しと為さざらんも、予《よ》が如き頑魯《がんろ》の者、あに敢《あえ》てせんや。この故に、念仏の一門に依りて、いささか経論の要文《ようもん》を集む。これを披《ひら》いてこれを修むるに、覚《さと》り易《やす》く行《おこな》ひ易からん。(二〇ページ)

さらに続けて、

惣《す》べて十門あり。分ちて三巻となす。一には厭離穢土《おんりえど》、二には欣求浄土《ごんぐじょうど》、三には極楽の証拠、四には正修《しょうじゅ》念仏、五には助念の方法、六には別時念仏、七には念仏の利益《りやく》、八には念仏の証拠、九には往生の諸業《しょごう》、十には問答料簡《もんどうりょうけん》なり。

この書を座右に置いて、忘れないようにしてほしい、と。この源信のよびかけに応じて、われわれもまた本文の章節の順に従って読み進めることとしよう。

第一章　厭離穢土《えど》（汚れた世界を厭い離れるべきこと）

「それ三界《さんがい》は安きことなし、最も厭離《おんり》すべし」という立場から、迷いの領域として六つ（六道）を想定する。「一には地獄、二には餓鬼、三には畜生、四には阿修羅《あしゅら》、五には人《にん》、六には天」。そうしてその一つ一つについて論じて行くが、特に、地獄に関する説明が、歴史的に有名である。

一　地獄

源信は、伝統的保守的仏教（小乗）以来の説にしたがって、八つの地獄を立てている。第一に、地獄にもまた分ちて八となす。一には等活《とうかつ》、二には黒縄《こくじょう》、三には衆合《しゅごう》、四には叫喚《きょうかん》、五には大叫喚、六には焦熱《しょうねつ》、七には大焦熱、八には無間《むけん》なり。（一一ページ）

伝統的保守的仏教の教義綱要書である『倶舎論《くしゃろん》』でもこの八種を立てているが、順序が逆に、すなわち、一、無間地獄、二、極熱地獄、三、炎熱地獄、四、大叫地獄、五、号叫地獄、六、衆合地獄、七、黒縄地獄、八、等活地獄、となっているが、しかし実質的には相違はない。

　ところでこれらの八つの地獄の観念は、人間の空想にもとづいて突然現われ出たものではない。インド以来極めて長い時期にわたって変化発展した〈地獄〉の観念にもとづいてつくられたものである。その成立過程を簡単にたどってみよう。

仏教以前における地獄

　地獄とは地下にある牢獄の意で、現世に悪業をなした者が、死後その報いを受けるところをいう。日本における地獄の観念は、インド以来のものを受容し、変容・発展させたものなのである。

　インドの宗教文化の最古の所産である『リグ・ヴェーダ』諸讃歌（西紀前一三〇〇～前一〇〇〇年頃）についてみるに、善人であった死者の霊はかつて逝きし父祖の通った道によって永遠の光明ある楽土に赴き、そこで自分の血縁のものと再会し父祖（pitaraḥ）とともに喜びにみちた生活を送るという。[一]天国は願望を達することのできる楽しい所であると、リグ・ヴェーダ詩人は考えていた。

「欲望と願望のかなえられるところ、輝かしきソーマの杯のあるところ、安楽と喜悦のあるところ、――そこでわれを不死となせかし。[二]」

その楽土は死者の王ヤマ（Yama）の支配する王国であり、最高天にあり、光明・緑蔭・酒肴・歌舞・音楽に恵まれた理想郷である。このような天界の楽土に到達するためには、特に祭祀を実行しなければならぬ。他人に対する施与、特にバラモンに対する布施が賞讃されたが、種々の警戒（vrata）をたもち苦行（tapas）を行なうべきであり、また戦場で戦死した勇士も天上の楽土に到達し得ると考えた。他方、悪人の運命については詳しい説明がなく、死後の審判の観念も未だ明瞭には現われていない。ただ、悪人は恐ろしい無（asat）、非理（anṛta, nirṛta）の深淵の中に堕ちると考えていたが、明確な地獄の観念は説かれていない。かれらはどこまでも現世および来世における生に執着していて、楽しみを享楽しようと願い、未だ厭世的な世界観をいだいていなかった。

次のブラーフマナ祭儀書（Brāhmaṇa）がつくられた時代になると、祭祀を実行し善業を積んだ者が死んでからあとでヤマの王国に赴くと考えられていたことは、『リグ・ヴェーダ』におけると同様であるが、天界における福楽は永久に継続するものではなくて、或る場合には天界において再び死ぬこともあると考えて、再死（punarmṛtyu）を極度に恐れ、それを避けるために特別の祭祀を実行し、種々の善業を修した。死後における応報の観念もようやく明らかになりつつあった。或る場合には、すべての人は次の世界で再び生まれ、現世におけるかれらの所行が善であるか、あるいは悪であるかにしたがって報いを受けるという。またもしも人間が或る特別な知識を所有していてその力により救われるのでなければ、人間は死後、かの世において現世で食した獣によって貪り食われるという。(三)「バラモンに唾を吐き、鼻汁をかける者は、毛髪を嚙みつつ血の流れの中央に坐す(四)」という場合には地獄の観念を前提としていると考えられる。

死者の王ヤマは死後の審判者としての性格をますます強めるに至った。そこで恐ろしい神とみなされ、仏教神話においては地獄の審判者と考えられ、「閻魔《えんま》(琰魔)」と漢訳され、道教の観念も種々混入して、ついにわが国では「嘘をつくと閻魔さまに舌を抜かれる」という俗信が成立するに至った。ただし朝鮮の閻魔像はおどけたような顔貌を示していて、それほど恐ろしくない。これに対して恐らく天上の王者としてのヤマの明るい性格も仏教にとり入れられたのであろう、ヤーマ(Yāma)という神々が考えられ、これは夜摩天としてわが国にも伝えられた。その図像は、白牛に乗り笛を吹く美貌の青年としてえがかれている。

(一)『リグ・ヴェーダ』一〇(編の)・一四(讃歌の)・一〇(番目の歌)。

(二)『リグ・ヴェーダ』九・一一三・一〇。なお同讃歌七―一一、『アタルヴァ・ヴェーダ』四・三四参照。

(三)『シャタパタ・ブラーフマナ』六・二・二・二七。なお一〇・六・三・一参照。

(四)『アタルヴァ・ヴェーダ』五・一九・三。

仏教における地獄の観念

地獄は仏教では重要な観念である。(一)

仏教では、サンスクリット語ならびにパーリ語のナラカ（naraka、「奈落」「捺落迦」などと音写する）、またはニラヤ（niraya）を「地獄」と訳している。地下の牢獄の意で、悪人が死後に生まれて、苦しみを受ける場所である。地獄の観念は、当時一般の民衆の間で奉ぜられていたが、それを仏教がとり入れたのである。悪を犯した者が地獄に落ちるということは、仏教の最初期から説かれていた。応報思想が輪廻思想と結びついていたのである。

インドの諸宗教の説いていた「善因善果、悪因悪果」という因果関係は、現世のことがらに関しては或る程度まで真理である。全面的に真理であるということはできないが、或る程度の蓋然性をもって真理であるといえよう。ところで、もしもこの因果関係を現世だけに限ることなく、のちの世界にまで延長すれば、悪の結果としての地獄の存在を当然容認せねばならなくなる。ジャータカや因縁譚が民衆のあいだに普及し、信奉されるにつれて、地獄はますます実在性をもって信奉されるに至った。

仏教によると、地獄とは迷える衆生の五つの生存領域（五道または五趣）または六つの生存領域（六道または六趣）の一つであった。原始仏教聖典には、釈尊の語として、

「ここに五つの生存領域（趣 gati）がある。五つとは何であるか。地獄と畜生と餓鬼と人間と神々とである。」

といい、地獄については、

「われは、地獄、地獄に至る道、地獄に至る行路を知り、またかつて行なった行ないにし

たがって、身体が破壊したのち死後に地獄に生まれるということを知っている。」という。他の畜生、餓鬼、人間、神々（諸天）についても同様の説明をくりかえし、最後に煩悩を滅ぼしつくして達する解脱の境地、ニルヴァーナ（涅槃《ねはん》）についていう。

「われは、ニルヴァーナ、ニルヴァーナに至る道、ニルヴァーナに至る行路を知り、またかつて行なった行ないにしたがって、諸々《もろもろ》の汚れを滅ぼしたのちに、汚れ無く、心の解脱《げだつ》、知慧の解脱をまのあたり自《みずか》ら知り体得して達しているということを知る。（二）」

さらに前掲の文句を敷衍《ふえん》するような説明がなされている。

「またわたしは、或る一人を、心を以て心をとらえて知る――「この人は、身体が破壊してのちに死後に地獄に生まれるように、そのように実践し、行動し、道を進んだ。だからこの人が身体が破壊してのちに死後に地獄に生まれて、ただ苦しむのみで激しい苦痛を感受していることを、わたくしは清浄にして超人的な天の眼を以て見る。」」

或る場合には、五種の生存領域のうちで神々だけを特に詳しく分けてのべている場合もある。

「地獄よりも畜生がすぐれている。……畜生よりは餓鬼の境界がすぐれている。……餓鬼の境界よりは人間どもがすぐれている。……人間どもよりは四天王がすぐれている。……四天王よりは三十三天がすぐれている。……三十三天よりはヤーマ天がすぐれている。ヤーマ天よりは兜率天《とそつてん》がすぐれている。兜率天よりは化楽天《けらくてん》がすぐれている。……化楽天よりは他化自在天《たけじざいてん》がすぐれている。……他化自在天よりは梵天の世界がすぐれている。[三]」

ただここで注意すべきことは、右の文においてヤーマ天は Yāmā devā と複数で示されている。ヤーマとよばれる神々の居住する天の或る層には多数の神々がいると考えられていたのである。そうして、もしもヤーマがヤマと何らかの関係があったとすると、ヤーマの天界は地獄と切り離されているから、ここには『リグ・ヴェーダ』以来の、ヤマの古いイメッジが保存されているのである。

しかしこのように五つにまとめられたのは、原始仏教聖典においてはかなり後のことであり、また〈生存領域（趣 gati）〉とは、もとは神々と人間とだけに限られていたのであり、畜生、阿修羅、餓鬼、地獄の四つは、前掲の二つとは区別されて、〈くずれ落ちたところ（悪道 vinipāta）〉と呼ばれていたらしい。ところが後になって、仏教では衆生の輪廻する範囲を地獄・餓鬼・畜生・人間・天上という五つの生存領域（五趣）に分け、或る場合にはそれに阿修羅を加えて六つの生存領域（六道または六趣）とするようになった。〈五つの生存領域〉を立てることは、前に指摘したようにすでにパーリ文の原始仏教聖典の中に見られるが、〈六つの生存領域〉という観念は、原始仏教聖典の詩句の部分には現われていないようである。それはつまり遅れて成立した観念なのである。しかし後代には、特に日本においては後者のほうが支配的になり、古来「六道輪廻」とか「六道能化《のうけ》の地蔵菩薩」ということばが人々の間で口にされるようになった。

シナの天台の教学では六道が六界として十界の体系のうちの六つを占めることになった。天台教学の影響の強かった日本においては、〈六道〉の観念が一般に奉ぜられるようになったのである。そうして『往生要集』の著者源信は天台の学僧であったから、迷いの世界、つまり第一章（大文第一）においては、この「六道」の体系にしたがって述べているのである。

（一）仏典における「地獄」の出典、およびそれについての考証は、『国宝地獄草紙』複製の「解説」（銀河社、昭和四十八年）中の中村「地獄論」（四三〜六四ページ）に詳しく述べておいたから、ここでは省略する。

（二）*Majjhima Nikāya*〔以下略号 *MN.*〕, vol.I, p. 73f.

（三）*MN.*, vol. II, pp. 193-194.

地獄の種類

さて地獄の種類について考察しよう。

すでに最初期の仏教において、無間地獄《むけんじごく》（avīci アヴィーチ、阿鼻地獄）の観念があらわれていた。そこでは苦痛が絶え間なくつづくので「無間」といわれるのである。またアッブダ地獄、ニラッブダ地獄、アババ地獄、アハハ地獄、アタタ地獄、黄蓮《おうれん》地獄、白睡蓮《びゃくすいれん》地獄、青蓮《しょうれん》地獄、白蓮《びゃくれん》地獄、紅蓮《ぐれん》地獄が数え立てられ、順次に前者を二十あわせたものが後者にひとしいと説かれていることもある。（二）はじめのうちは地獄をただ数え立てるだけであったらしい。古い経典である『十八泥梨経《ないり》』(一)は十八の地獄をただ数え立てて説明するだけである。

経典において教義がやや体系化すると、八大地獄として、想、黒縄、堆圧、叫喚、大叫喚、焼炙、大焼炙、無間という名の八つの地獄を説き、十六の小地獄として、黒沙、沸屎、五百釘、飢、渇、一銅釜、多銅釜、石磨、膿血、量火、灰河、鉄丸、釿斧、豺狼、剣樹、寒氷という名の地獄を数え、八大地獄の一つ一つに十六の小地獄があるという。(二)これを十六遊増地獄という。

さらに、いわゆる小乗仏教の教義学によると、われわれ人間の生存しているところ(ジャンブー洲)の地下、二万ヨージャナ下ったところに無間地獄がある。そのほかに、極熱、炎熱、大叫、号叫、衆合、黒縄、等活という地獄があり、合わせて八大地獄として説かれる(後の七つの地獄は無間地獄の上にあるという説と、傍にあるという説とがある)。この八大地獄の一々の四面に四つずつ小地獄がある。その四つとは、一に煻煨《とうえ》(うずみ火。そこに膝を没するとただれてしまう)、二に屍糞、三に鋒刃(この中に、刀刃路と剣葉林と鉄刺林とがある)、四に烈河(熱鹹水すなわち煮立ったアルカリ性の水がみちていて、そこの大きな釜には灰汁がもられていて、身体がただれてしまう)である。八大地獄におのおの十六の小地獄があるから、大小あわせると百三十六の地獄があることになる。またそのほかに、八大地獄の傍に八寒地獄があり、衆生が厳寒に苦しめられるという。

地獄に関する経論の所説もいろいろであるが、『倶舎論《くしゃろん》』(第十一巻)では伝統的解釈としては八大地獄を想定し、それが大乗仏教に継承されたのである。

(一)『スッタニパータ』コーカーリヤ経。
(二)『十八泥梨経』(『大正新脩大蔵経』十七巻五二八～五三〇ページ)。
(三)『長阿含経』第十九、地獄品(『大正新脩大蔵経』一巻一二一ページ以下)。

源信の説く地獄

源信は、地獄を説く場合に、どれどれの経論にもとづいたということを記しているが、経論の文章をそのまま長く引用することをしていない。つまり、かれ自身がこなして書いているのである。多くの経論の文章を引用して浄土を論ずる場合とは非常に異なる。

源信は主として正法念経(『正法念処経』)にもとづいて地獄を述べている。この経典の叙述が最も詳しく迫真力をもっているからであろう。しかし残念ながらこの経典はサンスクリット原文が残っていない。したがって、サンスクリットなどの原文を引用して対比するという手法がこの場合には適用しがたい。ただ伝統説として玄奘訳『倶舎論』における説明を、必要に応じてサンスクリット原文を参照しつつ引用することにしよう。

源信が玄奘訳の『倶舎論』を読み、学習していたことは、疑いない。しかるにそれを引用しなかったのは、恐らくそれが小乗の典籍であって権威が低いとか、倶舎宗は南都(奈良)の六宗の一つとして付随的なものと見なされていたので、叡山としては重視することができなかったとか、種々の理由によるのであろう。しかし地獄に関して体系的に詳しく論述したもので、しかもサンスクリット原文が残っているものとしては、恐らく『倶舎論』が唯一のものであろう。また地獄を体系的に述べた日本人の著作としては、『往生要集』が最も有名であるから、両者の対比ということは、充分の意義をもっていると考えられる。

また、恐らくわが国の地獄絵図のもとづいた原典の一つであると考えられるので、サンスクリット原文と対照しながら、『倶舎論』の漢訳文を書き下し、若干の説明を加えて紹介しよう。

源信は、先ず八大地獄の説明をする。これはまた八熱地獄（uṣṇā aṣṭau mahānarakāḥ）とも言う（『倶舎論』）。

一、等活地獄（saṃjīvaḥ（narakaḥ））

初に等活地獄とは、この閻浮提《えんぶだい》の下、一千由旬《ゆじゅん》にあり。縦広《たてひろさ》一万由旬なり。（一一ページ）

『倶舎論』によると、等活地獄とは、衆苦が身に逼《せま》り悶えることは死するが如くであり、ついでもとの如く蘇るのでこう名づける。

源信によると、

この中の罪人は、互に常に害心を懐けり。もしたまたま相見《あい》れば、猟者《りょうしゃ》の鹿に逢へるが如し。おのおの鉄爪を以て互に爴《つか》み裂く。血肉《けつにく》すでに尽きて、ただ残骨《ざんこつ》のみあり。或は獄卒《ごくそつ》、手に鉄杖・鉄棒を執《と》り、頭より足に至るまで、遍《あまね》く皆《みな》打ち築《つ》くに、身体破れ砕くること、猶《なお》し沙揣《しやだん》〔砂の塊〕の如し。或は極めて利《するど》き刀を以て分々《ぶんぶん》に肉を割くこと、厨者《ちゆうしや》の魚肉を屠《ほふ》るが如し。涼風来り吹くに、尋《つ》いで活《よみが》へること故《もと》の如し。欻然《くつねん》として〔たちまち〕また起きて、前の如く苦を受く。或は云く、空中に声ありて云く、「このもろもろの有情《うじよう》、また等しく活《よみが》へるべし」と。或は云く、獄卒、鉄叉を以て地を打ち、唱へて「活々《かつかつ》」と云ふと。かくの如き等の苦、具《つぶ》さに述ぶべからず。（一一ページ）

さらに源信によると、この等活地獄の四門（すなわち東西南北の門）の外に、それに付属した地獄（「別処」）が十六ある（漢訳仏典ではその一つひとつを「増」とよぶことがある）。

　この地獄の四門の外にまた十六の眷属《けんぞく》の別処あり。（一二ページ）

ところで『倶舎論』によると、八大地獄の一つひとつに十六の付加的な小地獄があるという。その漢訳によると、

　「十六の増（utsada 付随的地獄）とは、八つの捺落迦《ならか》（naraka 地獄）の四つの〔側面〕の門の外に各々四つの所あり。」

源信は、その付属的な地獄の一つひとつを詳しく述べている。

一には、屎泥処《しないしよ》。謂《いわ》く、極熱の屎泥あり。その味、最も苦《にが》し。金剛の嘴《くちばし》の虫、その中に充ち満てり。罪人、中にありてこの熱屎を食《くら》ふ。もろもろの虫、聚《あつま》り集りて、一時に

競《きそ》ひ食ふ。皮を破りて肉を噉《は》み、骨を折《くじ》いて髄《ずい》を唼《す》ふ。昔、鹿を殺し鳥を殺せる者、この中に堕つ。（一一ページ）

『倶舎論』によると、

「屍糞増（kuṇapaṃ gūtha-mṛttikā〔utsadaḥ〕）。いはく、この増の内には屍糞の泥が満てり、中においてニャンクター（娘矩吒 nyaṅkuṭā）なる虫あり、〔その〕觜（くちばし）の利《するど》きこと針の如し。身は白く頭は黒し。有情がかしこに遊ぶに、皆この虫のために皮を鑚《き》られ骨を破られその髄を唼食《すいは》まる。」

つづいて源信によると、

二には、刀輪処《とうりんしょ》。謂く、鉄の壁、周り帀《めぐ》りて高さ十由旬なり。猛火熾然《しねん》にして、常にその中に満てり。人間の火はこれに比ぶるに雪の如し。纔《わず》かにその身に触るるに、砕くること芥子《けし》の如し。また熱鉄を雨《ふ》らすこと、猶《なお》し盛んなる雨の如し。また刀林あり。その刃《は》、極めて利し。また両刃ありて、雨の如くにして下る。衆苦こもごも至りて堪へ忍ぶべからず。昔、物を貪りて殺生せる者、この中に堕つ。（一二ページ）

これは伝統的保守的仏教でいう「鋭い刃の小地獄」（鋒刃増《ぶじんぞう》）に部分的に相当するものであるらしい。

以下に挙げる諸々《もろもろ》の地獄は『倶舎論』のうちには説かれていない。

三には、瓮熟処《おうじゅくしょ》。謂く、罪人を執りて鉄の瓮《もたい》の中に入れ、煎《い》り熟すること豆の如し。

カンボジアの地獄絵

昔、殺生して煮て食へる者、この中に堕つ。

四には、多苦処《たくしよ》。謂く、この地獄には十千億種の無量の楚毒《そどく》あり。具《つぶ》さに説くべからず。昔、縄を以て人を縛《しば》り、杖を以て人を打ち、人を駈《か》りて遠き路に行かしめ、嶮《けわ》しき処より人を落し、煙を薫《ふす》べて人を悩まし、小児《しように》を怖れしむ。かくの如き等の、種々に人を悩ませる者、皆この中に堕つ。

五には、闇冥処《あんみようしよ》。謂く、黒闇の処にありて、常に闇火《やみび》の為に焼かる。大力の猛風、金剛の山を吹き、合《あわ》せ磨《す》り、合せ砕くこと、猶し沙《すな》を散らすが如し。熱風に吹かるること、利き刀の割くが如し。昔、羊の口・鼻を掩《ふさ》ぎ、二の塼《かわら》の中に亀を置きて押し殺せる者、この中に堕つ。

六には、不喜《ふき》処《しょ》。謂く、大火炎ありて昼夜に焚焼す。熱炎の嘴の鳥・狗犬《くけん》・野干《やかん》ありて、その声、極悪《ごくあく》にして甚だ怖畏《ふい》すべし。常に来りて食ひ噉《は》み、骨肉狼藉《ろうぜき》たり。金剛の嘴の虫、骨の中に往来して、その髄を食ふ。昔、貝《ばい》を吹き、鼓《つづみ》を打ち、畏るべき声を作して鳥獣を殺害せる者、この中に堕つ。

七には、極苦《ごくく》処《しょ》。謂く、嶮しき岸の下にありて、常に鉄火の為に焼かる。昔、放逸《ほういつ》にして殺生せる者、この中に堕つ。（一二～一三ページ）

ところで以上の説明について源信は、「已上は正法念経に依る。自余の九処は経の中に説かず」と記している。実は、残り九つの別処については、『正法念処経』巻五に、「衆病」のある処・「雨鉄」（雨のように鉄の降る）処・「悪杖」（ひどい武器のある）処・「黒色の鼠狼」のいる処・「異異廻転」（いろいろと廻転させられる）処・「苦の逼る」処・「鉢頭摩（padma紅蓮華）の鬘」（花かざりのような）処・「陂池《ひち》」（ためいけのある）処・「空中受苦」（虚空の中で苦を受ける）処の九つの名を記しているが、説明はない。

二、黒縄《こくじょう》地獄（kālasūtraḥ〔narakaḥ〕）「黒縄」（kāla-sūtra）とは「黒いなわ」の意で、「すみなわ」のことであると考えられる。『倶舎論』では「まず黒業（悪の業）を以て身体手足を縛り、のちに斬り刻むので名づける」という。源信は、この地獄のありさまを、なまなましい残酷さを以て叙述している。

二に黒縄地獄とは、等活の下にあり。縦広、前に同じ。獄卒、罪人を執《とら》へて熱鉄の地に臥せ、熱鉄の縄を以て縦横に身に絣《すみなわをひ》き、熱鉄の斧を以て縄に随ひて切り割《さ》く。或は鋸《のこぎり》を以て解《さきわ》け、或は刀を以て屠《ほふ》り、百千段と作《な》して処々に散らし在《お》く。また、熱鉄の縄を懸けて、交へ横たへること無数、罪人を駈りてその中に入らしむるに、悪風暴《にわか》に吹いて、その身に交へ絡《から》まり、肉を焼き、骨を焦《こが》して、楚毒極《きわま》りなし。

また、左右に大いなる鉄の山あり。山上におのおの鉄の幢《はた》を建て、幢の頭に鉄の縄を張り、縄の下には多く熱き鑊《かま》あり。罪人を駈り、鉄の山を負ひて縄の上より行かしめ、遥《はる》かに鉄の鑊に落して摧《くだ》き煮ること極りなし。等活地獄及び十六処の、一切の諸苦を十倍して重く受く。

獄卒、罪人を呵嘖《かしやく》して云く、「心はこれ第一の怨《あた》なり。この怨、最も悪となす。この怨、能く人を縛り、送りて閻羅《えんら》（＝yamarāja　閻魔大王）の処に到らしむ。汝《なんじ》、独《ひと》り地獄に焼かれ、悪業《あくごう》の為に食はる。妻子・兄弟等の親眷《しんけん》も救ふことあたはず」と。（一三〜一四ページ）

三、衆合《しゆごう》地獄（saṃghātaḥ〔narakaḥ〕）『俱舎論』によると、多くの苦しみが集合して身に逼《せま》って身を害《そこな》うので名づけた、とある。源信の説明は詳しい。

三に衆合地獄とは、黒縄の下にあり。縦広、前に同じ。

多く鉄の山ありて、両々相対《あい》す。牛頭《ごず》・馬頭《めず》等のもろもろの獄卒、手に器仗《きじよう》を執り、駈りて山の間に入らしむ。この時、両《ふたつ》の山、迫り来りて合せ押すに、身体摧け砕け、血流れて地に満つ。或は鉄の山ありて空より落ち、罪人を打ちて砕くこと沙揣《しやだん》の如し。或は石の上に置き巌を以てこれを押し、或は鉄の臼に入れ鉄の杵《きね》を以て擣《つ》く。極悪の獄鬼、幷《ならび》に熱鉄の師子・虎・狼等のもろもろの獣《けもの》、烏・鷲等の鳥、競ひ来りて食ひ噉《は》む。また鉄炎の嘴の鷲、その腸を取り已《おわ》りて樹の頭に掛け在《お》き、これを噉み食ふ。（一五ページ）

これは『倶舎論』の中の次の説明に近い。

「煻煨増《とうえぞう》（kukūlam〔utsadaḥ〕）。いはく、この増の内には煻煨（あつばい）が膝を没す。有情はかしこに遊んでわずかに足を下す時に（サンスクリット原文によると、そこに投げ込まれた時に）、皮と肉と血とはともに燋爛（やかれただれ）て墜《お》つ。足を挙ぐれば、還つて（もとどおり）〔皮と肉と血とは〕平復すること本のごとし。」

源信はつづけていう、

かしこに大いなる江《かわ》あり。中に鉄の鉤《かぎ》ありて皆悉く火に燃ゆ。獄卒、罪人を執りて、かの河の中に擲《な》げ、鉄の鉤の上に堕《おと》す。またかの河の中に熱き赤銅の汁ありて、かの罪人を瀰《ただよ》はす。或は身、日の初めて出づるが如き者あり。身《み》沈没すること重き石の如き者あり。手を挙げ、天に向ひて号《さけ》び哭《な》く者あり。共に相近づいて号び哭く者あり。久しく大苦を受くれども、主《よるべ》なく、救ふものなし。（一五ページ）

『倶舎論』の中には、ちょうどこれにピッタリ相当するものは説かれていないが、次のものが、部分的に一致する。

「烈河増（utsado nadī Vaitaraṇī）なり。いはく、この増の量の広さに、中に熱せられたる鹹水（アルカリ性の水 kṣārodaka）を満つ。有情は中に入つて、或は浮び、或は没し、或は逆に、或は順に、或は横に、或は転びて蒸されて、骨肉糜爛《びらん》す（ただれただる）。大なる鑊《かく》の中に灰汁を満たし盛りて、〔胡〕麻・米等を置くに、猛火が下に然《も》ゆれば、〔胡〕麻等は中において上下に廻転して挙体《きよたい》糜爛するが如し。有情もまた然《しか》り。たとひ逃亡せんと欲するとも、両岸の上に諸々の獄卒ありて、手に刀鎗を執つて、禦捍し（ふせぎしりぞけ）て廻らしめ、出づることを得るに由《よし》無し。この河は塹（ほりいけ）のごとく、前の三（「鋒刃増」のうちの三つ）は園に似たり。」

これらの地獄のうちかなりのものはヒンドゥー教の神話から取り入れたものであるらしいが、右の箇所で「烈河増」となっているものは、サンスクリット原文によると、ヴァイタラニー河（nadī Vaitaraṇī）となっている。これは叙事詩『マハーバーラタ』においては大地と下界とを分つ境をなす神話的な河である。しかし玄奘三蔵は、この地獄の河のヒンドゥー教的背景を伝えなかったから、源信がそれを知らなかったのは当然である。

源信はつづけていう。

またふたたび獄卒、地獄の人を取りて刀葉の林に置く。かの樹の頭を見れば、好き端正《たんじよう》

カンボジアの地獄絵

厳飾《ごんじき》の婦女あり。かくの如く見已《おわ》りて、即ちかの樹に上るに、樹の葉、刀の如くその身の肉を割き、次いでその筋を割く。かくの如く一切の処を劈《つんざ》き割いて、已に樹に上ることを得已りて、かの婦女を見れば、また地にあり。欲の媚《こ》びたる眼を以て、上《かみざま》に罪人を看《み》て、かくの如き言を作す、「汝を念《おも》ふ因縁《いんねん》もて、我、この処に到れり。汝、いま何が故ぞ、来りて我に近づかざる。なんぞ我を抱かざる」と。罪人見已りて、欲心熾盛《しじょう》にして、次第にまた下るに、刀葉上《うえ》に向きて利《するど》きこと剃刀《かみそり》の如し。前の如く遍く一切の身《しん》分《ぶん》を割く。既に地に到り已るに、かの婦女はまた樹の頭にあり。罪人見已りて、また樹に上る。かくの如く無量百千億歳、自心に誑《たぶら》かされて、かの地獄の中に、かくの如く転《めぐ》り行き、かくの如く焼かること、邪欲《じやよく》を因となす。獄卒、罪人を呵嘖して、偈を説いて曰く、「異人（＝他の人）の作れる悪もて　異人、苦の報を受くるにあらず　自業自得《じごうじとく》の果なり　衆生《しゆじよう》皆かくの如し」と。（一五～一六ページ）

この説は『倶舎論』の中に説く「鋭い刃の小地獄」についての説明に近い。『倶舎論』では次のように説く。

「鋒刃増《ぶじんぞう》（kṣuradhārah〔utsadaḥ〕）。いはく、この増の内にまた三種あり。

一には刀刃路（asidhāraḥ, kṣuradhārācito mahāpathaḥ）。いはく、この中において刀刃を仰向けに布《し》いて以て大道となす。有情はかしこに遊ぶに、わずかに足を下す時に、皮と肉と血とはともに断え、砕け墜つ。足を挙ぐれば、還つて（もとどおり）〔皮と肉と血とが〕生じて平復すること、本の如し。

二には剣葉林（asipattravana）。いはく、この林の上には純《もつぱ》ら銛利《せんり》（鋭利）なる剣刃を以て葉となせり。有情がかしこに遊ぶに、風が葉を吹きて墜とすに、肢体（身体の諸部分）を斬り刺し、骨肉が零落す、烏駮狗（くろまだらなるいぬ）ありて齟掣《そせい》して（かみついて）これを食ふ。

三には鉄刺林（ayaḥśālmalī-vana）。いはく、この林の上に〔鋭〕利なる鉄と刺《とげ》あり。長きこと十六指（三尺二寸）なり。有情が逼《せば》められて樹に上下する時に、その刺の銛鋒《とき》が上下して鑱《はり》刺す。鉄の觜《くちばし》ある烏ありて、有情の眼睛心肝を探り啄んで、争ひ競うて食ふ。刀刃路等の三種は殊なりといへども、鉄仗（鉄の武器）なることは同じきが故に、一つの増に摂せらる。」

四、叫喚《きょうかん》地獄　『倶舎論』では「号叫地獄」（rauravaḥ〔narakaḥ〕）となっている。多くの苦しみに逼《せま》られて悲しみの叫び声を発するのでこう名づける。

源信は次のように書いている。

四に叫喚地獄とは、衆合の下にあり。縦広、前に同じ。獄卒の頭、黄なること金の如く、眼の中より火出《い》で、赭《しや》色《しき》の衣を著たり。手足長大にして疾く走ること風の如く、口より悪声を出して罪人を射る。罪人、惶《おそ》れ怖れて、頭を叩き、哀《あわ》れみを求む。「願はくは、慈《じ》愍《みん》を垂れて、少しく放《ゆる》し捨《お》かれよ」と。この言《ことば》ありといへども、いよいよ瞋《しん》怒《ぬ》を増す。或は鉄棒を以て頭を打ちて熱鉄の地より走らしめ、或は熱き鏊《ごう》に置き反覆してこれを炙《あぶ》り、或は熱き鑊《かま》に擲《な》げてこれを煎じ煮る。或は駈りて猛炎の鉄の室に入らしめ、或は鉗《かなばさみ》を以て口を開いて洋銅《ようどう》を灌ぎ、五蔵《ごぞう》を焼き爛らせて下より直《ただ》ちに出《いだ》す。（一七ページ）

五、大叫喚地獄　『倶舎論』では、「大叫地獄」（mahāraurava〔narakaḥ〕）。劇しい苦しみに逼《せま》られて大きな叫び声を発し、悲しみ叫ぶので名づける。

源信によると、

五に大叫喚地獄とは、叫喚の下にあり。縦広、前に同じ。苦の相もまた同じ。ただし前の四の地獄、及びもろもろの十六の別処の、一切の諸苦を十倍して重く受く。（一九ページ）

六、焦熱地獄　『倶舎論』によると「炎熱地獄」（tāpanaḥ〔narakaḥ〕）。火が身についてまわり、炎に身が焼かれて、その熱に堪え難いが故にこのように名づけられた。

源信はいう。

六に焦熱《しょうねつ》地獄とは、大叫喚の下にあり。縦広、前に同じ。獄卒、罪人を捉へて熱鉄の地の上に臥せ、或は仰《あお》むけ、或は覆《うつぶ》せ、頭より足に至るまで、大いなる熱鉄の棒を以て、或は打ち、或は築《つ》いて、肉摶《にくだん》の如くならしむ。或は極熱の大いなる鉄鏊《てつごう》の上に置き、猛き炎にてこれを炙《あぶ》り、左右にこれを転がし、表裏より焼き薄《うす》む。或は大いなる鉄の串《くし》を以て下よりこれを貫き、頭を徹《とお》して出し、反覆してこれを炙り、かの有情の諸根《しょこん》・毛孔、及《およ》び口の中に悉く皆炎を起さしむ。或は熱き鑊《かま》に入れ、或は鉄の楼《たかどの》に置くに、鉄火猛く盛んにして骨髄に徹る。もしこの獄の豆許《ばかり》の火を以て閻浮《えんぶ》提《だい》に置かば、一時に焚け尽《つ》さん。いはんや罪人の身は耎《やわら》かなること生蘇《しょうそ》〔芽を出したばかりの若草〕の如し。長時に焚焼せば、あに忍ぶべけんや。この地獄の人、前の五の地獄の火を望み見ること、猶し霜雪の如し。（二〇ページ）

七、大焦熱地獄　『倶舎論』には「極熱《ごくねつ》地獄」（pratāpanaḥ〔narakaḥ〕）。内外自他の身が共に猛火を出して互いに相燻害するが故に名づける、とある。

源信によると、

七に大焦熱地獄とは、焦熱の下にあり。縦広、前に同じ。苦の相もまた同じ。ただし、前の六の地獄の根本と別処との、一切の諸苦を十倍して具《つぶ》さに受く。具さに説くべからず。(二二ページ)

八、阿鼻《あび》地獄　または無間《むけん》地獄という。『倶舎論』によると、「無間地獄」(avīcir mahānarakaḥ)は苦しみを受けることが絶え間がない(無間である)から、また楽の間《ま》じることが無い故に「無間」と名づけるというが、語源は不明であり、恐らく通俗語源解釈にもとづく解釈であろうと解せられている。

源信は言う、

八に阿鼻地獄とは、大焦熱の下、欲界《よっかい》の最底の処にあり。(二三ページ)

かれは、この地獄の恐ろしさを強調する。

かの阿鼻城は、縦広八万由旬にして、七重の鉄城、七層の鉄網あり。下に十八の隔《かく》ありて、刀林周り帀《めぐ》る。四の角《すみ》に四の銅の狗あり、身の長《たけ》四十由旬なり。眼は電《いなずま》の如く、牙《きば》は剣《つるぎ》の如く、歯は刀の山の如く、舌は鉄の刺《とげ》の如し。一切の毛孔より皆猛火を出し、その烟《けむり》、臭悪《しゅうあく》にして世間に喩《たと》ふるものなし。(二四ページ)

そこでは獄卒どもが地獄の亡者たちを苦しめる。

十八の獄卒あり。頭は羅刹《らせつ》の如く、口は夜叉《やしや》の如し。六十四の眼ありて鉄丸を迸《ほとばし》り散らし、鉤《まが》れる牙は上に出でて、高さ四由旬、牙の頭より火流れて阿鼻城に満つ。頭の上には八の牛頭《ごず》あり。一々の牛頭に十八の角《つの》ありて、一々の角の頭より皆猛火を出す。（二四ページ）

そこにはもの凄い恐ろしさが支配している。

また七重の城の内には七の鉄幢《てつどう》あり。幢《はた》の頭より火の踊ること、猶し沸《たぎ》れる泉の如く、その炎、流れ迸りて、また城の内に満つ。四門の閫《しきみ》の上に八十の釜あり。沸れる銅、湧き出でて、また城の内に満つ。一々の隔《かく》の間に、八万四千の鉄の蟒《おろち》・大蛇ありて、毒を吐き、火を吐いて、身《み》城の内に満つ。その蛇の哮《さけ》び吼ゆること、百千の雷《いかずち》の如く、大いなる鉄丸を雨《ふ》らして、また城の内に満つ。五百億の虫あり。八万四千の嘴ありて、嘴の頭より火流れ、雨の如く下る。この虫の下る時、獄火いよいよ盛んにして、遍く八万四千由旬を照す。また八万億千の苦の中の苦は、集りてこの中にあり。（二四〜二五ページ）

そうして源信は『ヨーガ行者の階梯』（瑜伽師地《ゆがしじ》論 *Yogācārabhūmi*）の文章を引用している。

瑜伽《ゆが》の第四に云く、

東方の多百踰繕那《ゆぜんな》（由旬に同じ）、三熱の大鉄地の上より、猛く熾んなる火ありて、焔を騰《あ》げて来り、かの有情《うじょう》を刺す。皮を穿ちて肉に入り、筋を断ちて骨を破り、またその髄に徹《とお》り、焼くこと脂燭《しそく》の如し。かくの如く身を挙げて皆猛焔と成る。東方よりするが如く、南・西・北方も亦またかくの如し。この因縁に由りて、かのもろもろの有情、猛焔と和し雑《まじ》り、ただ火聚《かじゅ》の、四方より来るを見るのみ。火焔、和し雑り、間隙あることなく、受くる所の苦痛もまた間隙なし。ただ苦に逼《せま》られて号《な》き叫ぶ声を聞くのみにて、衆生あるを知る。また鉄の箕《み》を以て、三熱の鉄・炭を盛り満たしてこれを簸《あぶ》り揃《そろ》へ、また熱鉄の地の上に置いて、大いなる熱鉄の山に登らしむ。上りてはまた下り、下りてはまた上る。その口中よりその舌を抜き出し、百の鉄釘を以て、しかもこれを張り、皺襵《すすい》〔しわと縫目〕なからしむること、牛の皮を張るが如し。また更に熱鉄の地の上に仰ぎ臥せ、熱鉄の鉗《かなばさみ》を以て口を鉗《はさ》みて開かしめ、三熱の鉄丸を以てその口中に置くに、即ちその口及以《およ》び咽喉を焼き、府蔵《ふぞう》を徹りて下より出づ。また洋銅を以てその口に灌ぐに、喉及び口を焼き、府蔵を徹りて下より流れ出づ。と。〈已上。瑜伽に三熱と言ふは、焼燃《しょうねん》・極焼燃《ごくしょうねん》・遍極焼燃《へんごくしょうねん》なり〉（二一五ページ）

右の漢訳『瑜伽師地論』の叙述のサンスクリット原文には、次のように述べられている。

「そのうちで無間（Avīci）という大地獄においては、次に述べるような原因のゆえに、苦しみを感受する。それらの衆生にとっては、東方に、幾百ヨージャナにわたる大地が、火がついて、燃えて、火炎が燃え立っているときに、火炎の勢いによって〔火が〕迫って来る――。〔その火は〕かれら衆生の皮膚を裂き、肉を裂き、筋を断ち切って、骨や骨髄を断ち切って、その焼くことは、たとえば油の燈心のごとくである。このように全身を火炎がみたし包んでいるのである。東方から迫って来るのと同様に、南方、西方、北方からも迫って来る。そうして、それらの衆生は、そういう事情（原因）によって、火のかたまりだけのものも認められる。その四方から来た火のかたまりがまじっているときに、それらの衆生はそこで、苦しみの間隔の断《た》え間《ま》さえもひき起さない。ただ、諸々《もろもろ》の衆生が悲痛な声を出して号泣しているのが知られる。さらに鉄でつくられた箕《み》（sūrpa）でもって、火がついて燃え立っている鉄より成る炭火を盛って浄める。(一) また〔熱せられた〕鉄より成る大地において、〔同じく熱せられた〕諸々の大きな山に登ったり下《お》りたりする。さらに口から舌を引き出させて、百の鉄の棒(二)で引きのばして、なめしてしまう。そのようにして舌は皺を取り去られ、ひだ(三)を取り去られてしまう。たとえば、牡牛の皮をなめすようなものである。またその〔熱〕鉄より成る地上にかれらを仰臥させ、〔熱〕鉄の鉗（かなばさみ）でもって口を開かせて、火がついて燃え立ち火炎のむらむらと起っている鉄丸を〔衆生の〕口の中に投げ込む。するとそれらの鉄丸は、口をも焼き、喉をも焼き、内部（内臓）をも焼いて、(四) さらに下の部分から外へ出る。また煮えたぎって（ドロドロになった）銅を口腔の内に投げ込む。そうしてその銅が口をも焼いて喉をも、内部（内臓）をも焼いて、下の部分から流れ出る。(五)」

（一） aṅgārān……punanti nipunanti. 玄奘訳には「猛餤鉄炭を盛満して之《これ》を簸《ひ》り揃ふ」とある。

（二） śaṅku. 玄奘訳には「釘」と訳しているし、実際にその意味に使われることもあるが、この箇所には適合しない。「棒」とか「杭」という意味もあるので、それを採用する。

（三） puṭikā.「ひだ」「しわ」というときには、puṭaka という語を用いるのが普通である。

（四） 刊本には antram api dagdhvā となっているが、写本には antrān api. むしろ antarān api とよめば、玄奘訳の「腑蔵」という語に対応することになるであろう。

（五） *The Yogācārabhūmi of Ācārya Asaṅga*, Edited by Vidhushekhara Bhattacharya, University of Calcutta, 1957, p. 83, *l*. 3-p. 84, *l*. 8.

十六の付随的地獄　総じて、仏典では、特に八大地獄（八熱地獄）に付随している十六の付随的地獄（utsada 増《ぞう》）の叙述は非常になまなましい。

「（この地獄の）四つの〔側〕面に各々四の増あり。故に皆で十六と言ふ。これは是れ、増上に（極度に）刑害せらるる所なるが故に、説いて増と名づく。本なる地獄の中にて適《まさ》しく害せられ已《おわ》つて、重ねて害に遭ふが故なり。有《あ》る〔ひと〕が説く、——有情が地獄より出て、更にこの苦しみに遭ふが故に、説いて「増」となす、と。」（『倶舎論』）

源信も詳しく述べているが、特に『ヨーガ行者の階梯』（瑜伽師地論 *Yogācārabhūmi*）の文章を詳しく引用している。

瑜伽の第四に、通じて八大地獄の近辺の別処〔付随的な小地獄〕を説いて云く、

謂く、かの一切のもろもろの大那落迦《ならか》〔naraka〕には、皆、四方に四の(一)岸と四の門

カンボジアの地獄絵

ありて、鉄墻囲《てつぞうかこ》ひ遶《めぐ》る。その四方の四の門より出で已れば、その一々の門の外に四の出園《しゆつおん》〔門外の庭園〕を置く。謂く、煻煨《とうえ》ありて膝に斉《ひと》し。かのもろもろの有情、出でて舎宅を求めんが為に遊行してここに至る。足を下す時、皮肉及び血、並《とも》に即ち消《と》け爛《ただ》る。足を挙ぐればまた生ず。

次にこの煻煨《とうえ》より間《ひま》なくして即ち死屍《しし》糞泥《ふんない》あり。このもろもろの有情、舎宅を求めんが為に、かしこより出で已りて、漸々に遊行し、その中に陥ち入るに、首足倶《とも》に没す。また屍糞泥の内に、多くもろもろの虫あり。嬢矩吒《ひくた》（＝ kīṭāḥ）と名づく。皮を穿《うが》ちて肉に入り、筋を断ちて骨を破り、髄を取りて食ふ。

次に屍糞泥より間《ひま》なくして、利《するど》き刀剣の、刃を仰《あおむ》けて路となすあり。かのもろもろの有情、舎宅を求めんが為に、かしこより出で已りて、遊行してここに至る。足を下す時、皮肉筋血、悉く皆消《と》け爛る。足を挙ぐる時、また復すること故《もと》の如し。次に刀剣の刃の路より間なくして刃の葉の林あり。かのもろもろの有情、舎宅を求めんが為に、かしこより出で已りて、往いてかの陰に趣き、纔《わずか》にその下に坐るに、微風逐《お》ひ起りて刃の葉堕落し、その身の一切の支《し》節《せつ》を斫《き》り截つに、便即《すなわ》ち地に躃《たお》る。黒黧《こくらい》の狗あり、背・胎《はら》を揸《つか》み掣《ひ》いて、これを噉み食ふ。

この刃の葉の林より間なくして鉄《てつ》〔よりなる〕設拉末梨《しりゆうまり》〔śālmalī 樹〕の林あり。かのもろもろの有情、舎宅を求めんが為に、便《すなわ》ちここに来り趣き、遂《つい》にその上に登る。これに登る時に当つて、一切の刺鋒《しぶ》、悉く廻りて下に向き、これを下らんと欲する時、一切の刺鋒、また廻りて上に向く。この因縁に由りて、その身を貫き刺すこと、もろもろの支節に遍《あまね》し。その時、便《すなわ》ち鉄の觜《くちばし》ある大いなる烏ありて、かの頭上に上り、或はその髆《かた》に上り、眼睛を探り啄《ついば》んで、これを噉み食ふ。（二一七～二一八ページ）

さらに熱い灰水のたぎっている河がある。

鉄設拉末梨《てつしりゆうまり》の林より間なくして広大なる河あり。沸《たぎ》れる熱き灰水、その中に弥《み》ち満つ。かのもろもろの有情、舎宅を尋ね求めて、かしこより出で已りて、来りてこの中に堕つ。猶し豆を以てこれを大いなる鑊に置き、猛《たけ》く熾《さか》んなる火を燃《た》いて、これを煎り煮るが如し。湯の騰《あが》り湧くに随ひて、周旋して廻り復《かえ》る。河の両岸に於て、もろもろの獄卒あり。手に杖索《じょうさく》及以《およ》び大網を執りて、行列して住《た》ち、かの有情を遮《さえぎ》りて、出づることを得しめず。或は索《つな》を以て羂《か》け、或は網を以て漉《すく》ふ。また広大なる熱鉄の地の上に置き、かの有情を仰けて、これに問うて言ふ、「汝等、いま何の須《のぞ》む所をか欲するや」と。かくの如く答へて言ふ、「我等、いま竟《つい》に覚知することなし。しかも種々の飢苦の為に逼《せま》らる」と。時にかの獄卒、即ち鉄の鉗を以て、口を鉗《はさ》んで開けしめ、便《すなわ》ち極熱の焼け燃えたる鉄丸を以てその口中に置く。余は前に説けるが如し。もし彼答へて、「我今、ただ渇苦の為に逼《せま》らる」と言はば、その時、獄卒、便即《すなわ》ち洋銅を以てその口に灌ぐ。この因縁に由りて長時に苦を受く。乃至《ないし》、先世《せんぜ》に造る所の一切の〔悪業〕、能く那《な》落迦《らか》を感じ、悪・不善の業いまだ尽きざれば、いまだこの中を出でず。もしは刀剣・刃路、もしは刃葉の林、もしは鉄設柆末梨の林、これを捴べて一となす。故に四の園あるなり。

と。〈已上は瑜伽幷に倶舎の意なり。一々の地獄の四の門の外におのおの四の園あり。合して十六となす。正法念経の、八大地獄の十六の別処の各相の、おのおの別なるに同じからず〉（二九ページ）

右のサンスクリット原文には、次のように言う。

「これらすべての大地獄は、四方に四つの分岐あり、四つの門があり、城壁でとり囲まれている。そうして、その〔大地獄〕においては四方で、四つの門から外に出ると、それぞ

れの門には四つの付属的地獄[二]がある。すなわち、

〔まず熱灰の地獄がある。〕うずみ火の熱い灰[三]が膝に達するまで積っている。〔地獄の〕諸の衆生は臥処《ふしど》（layana）を求めて、のそりのそり出かけて行くが、ここに来て足を下すと、頭も足も〔熱い灰のうちに〕没入して、そのままになってしまう。そうしてそこにおいては、屍骸や糞泥に多くの虫なる生きものがいて、それらの衆生の皮膚を咬んで穴だらけにし、肉をも髄や骨をも裂き、それから骨や髄を害って掻き切ってしまう。

〔1〕実にその屍骸、糞泥にすぐ接して、近くに〈刀剣の〔仰向けに〕置かれている路〉（kṣuradhārācitaḥ pathaḥ）がある。それらの衆生は、臥処を求めて、のそりのそりやって来る。そこでそれらの衆生が足を踏み込んだときに、皮膚や肉や血が壊《やぶ》れてしまう。足をもとどおりに挙げると、皮膚と肉と血とが〔壊《やぶ》れる〕ということが起る。

〔2〕次に、〈刀剣が〔仰向けに〕置かれている路〉にすぐ接して、近くに〈刃のような樹葉の樹林〉（asipatravana）がある。そこでは、それらの衆生が臥処を求めて近づいて、その蔭を用いようとする。そこで、かれらがその下に坐したときに、その樹木から諸々の刀が落ちて来て、それらの衆生の身体や身体の諸部分に穴をあけ、引き裂いてしまう。かれらがそこに落ちて来たときに〈黒い斑《まだら》〉という名の犬どもが迫って来て、脊骨をひどく打ち砕いて食べてしまう。

〔3〕次に、〈刃のような樹葉の樹林〉にすぐ接して、近くに、〈鉄より成るシャールマリ

(四)ー樹の林〉（Ayaḥ-śālmalī-vana）がある。それらの衆生が臥処を求めて近づいて、それによじ登る。かれらがそれをよじ登っているときに、幾多の棘が下を向いている。かれらが降りようとするときには、棘が上を向いて、かれらの身体や身体の諸部分に穴をあけ、引き裂いてしまう。そうして、そこでは〈鉄の嘴〉という名の鳥どもが、かれらの肩の上に、あるいは頭上に襲いかかって降りて来て、引き裂いて、眼の瞳《ひとみ》をひどく打ち砕いて食べてしまう。

〔4〕次に、〈鉄より成るシャールマリー樹の林〉にすぐ接して、近くにヴァイタラニー（Vaitaraṇī）河があり、沸騰した〔アルカリ性の〕灰の水がたぎっている。そこでそれらの衆生が臥処を求めて〔近づいて〕、落ち込んでしまう。かれらは上に出ようとして進むと、疲れはてて煮られてしまう。譬えば、大豆や小豆や棗《なつめ》や豌豆が、火にかけられて煮えたぎる水の入った大きな鍋のなかに投げこまれたようなものである。

次に、その河の両岸に、棒を手にし、鉤《かぎ》（釣り針）を手にし、〔網を手にした〕人々（獄卒）が配置されていて、それらの衆生が上にあがろうとするのを制しさえぎって、鉤ですくい上げる道具または網ですくい上げる道具を以て、もとどおりすくい上げて、火で熱している大地に仰向けに置いて問いただす、――「おい、生きものたち、お前たちは何を望むのだ？（何が欲しくてこんなことになったのだ？）」

かれらは次のように答える、――「われわれも、なにも知っていません。なにも見てはいません。ただ飢えているのです」と。そのときそれらの人々（獄卒）は、〔熱せられた〕鉄でつくられた鉗（かなばさみ）でもって口を開かせて、火で熱せられている鉄丸を〔衆生の〕口の中に投げ込む。その外のことは、前に説いたのと同様である。

さらに、もしもかれらが「われわれは渇している（のどが渇いている）のです」というならば、するとかれらは、同様に、煮えたぎっている（溶かされた）銅を、口の中に投げ込む。

こういうわけで、かれらはさらに長い時期にわたって苦痛を感受する。――その、地獄の報いを感ずる悪業・不善の業がすっかり尽きてしまわない限り、消滅しない限り。それらのうちで、〔1〕〈刀剣が〔仰向けに〕置かれている路〉なるものと、〔2〕〈刃のような樹葉の樹林〉なるものと、〔3〕〈鉄より成るシャールマリー樹の林〉なるものと、〔4〕〈ヴァイタラニー河〉なるものとは、合わせて一つの付随的地獄（utsada）であるとして、その故に、四つの付属的地獄があるのである。」

（一） catuṣkandhāḥ（= catuḥskandhāḥ）（*Yogācārabhūmi*, p. 84, *l*. 14）を玄奘が何故「四岸」と訳したのか、不明である。Skandha, m. a large branch or bough, L. (Monier-Williams : Sanskrit English Dictionary). der Teil des Baumstammes, an der sich die Äste ansetzen, Baumstamm ; Abteilung, Teil (*PW*.). かれはここで地獄を熱湯の池のようなものだと考えていたのだとすると、インドの池は普通真四角につくられているから、四辺を「四岸」と解したのかもしれない。

（二） utsada.

（三）　kukūla. 籾殻の意であるが、漢訳では地獄の名として「熅煨」「熱灰」があり、出典としては *Abhidharmakośa, Mahāvyutpatti* が挙げられている（荻原雲来『梵和大辞典』）。ここでも玄奘は「熅煨」と訳している。

（四）　シャールマリーは葉に棘のある樹の名である。

原文との比較によって二つの特徴が浮かび上る。

〔一〕サンスクリット原文には同じ名詞、同じ動詞がくりかえし用いられていて単調である。ところが玄奘は、原語は同じであっても、それぞれ訳語を異にしている。同じ訳語を用いるという単調さに堪えられなかったのであろう。

これは審美感の相違であるが、それはかれらの生活の相違に由来する。インドやスリランカでは年中暑いから、季節感というものが無い。ところが中国本土では昼間と夜中では温度の差が甚しい。日本における生活では季節というものが重要な意味をもっている。

スリランカの僧院では、献立の差というものが無い。朝も昼も、しかも毎日同じものばかり食べている。ところが中国人、日本人の食生活では、そのたびごとに献立の差を要求する。

こういう生活の相違が審美感の差と全然無関係ではないだろう。

〔二〕玄奘訳には原文にない説明の文句が付加されている。見知らぬ異国の文献を理解させるには、それだけの手順が必要であったのであろう。

八寒地獄　八大地獄の説明をしたあとで、源信は八寒地獄のことを「また頞部陀《あんぶだ》等の八寒地獄あり。具《つぶ》さには経論の如し。これを述ぶるに遑《いとま》あらず。」（二九ページ）と簡単に言うのみである。

ところで、『倶舎論』（サンスクリット原文）では一々説明されている。

「八寒地獄（śītanarakā aṣṭau）

一　摩訶鉢特摩《まかはどま》地獄（mahāpadmaḥ〔narakaḥ〕）　寒さのために身が変じて折れ裂けることが大紅蓮華の如くであるので名づける。

二　鉢特摩《はどま》地獄（padmaḥ〔narakaḥ〕）　厳寒が身に迫り、身が変じて折れ裂けることが紅蓮華のごとくであるので名づける。

三　嗢鉢羅《うばら》地獄（utpalaḥ〔narakaḥ〕）　厳寒が身に迫り、身が変じて折れ裂けることが青蓮華のごとくであるので名づける。

四　虎虎婆《ここば》地獄（huhuvaḥ〔narakaḥ〕）　苦しみに堪えきれないで、フフヴァという声を発するので名づける。

五　臛臛婆《くわくわば》地獄（hahavaḥ〔narakaḥ〕）　苦しみに堪えきれないで、ハハヴァという声を発するので名づける。

六　頞哳吒《あせた》地獄（aṭaṭaḥ〔narakaḥ〕）　苦しみに堪えきれないで、アタタという声を発するので名づける。

七　尼刺部陀《にらぶだ》地獄（nirarbudaḥ〔narakaḥ〕）　厳寒が身に迫って、身の水皰が裂ける（nirarbuda）ので名づける。

八　頞部陀《あぶだ》地獄（arbudaḥ〔narakaḥ〕）　厳寒が身に迫って、その身に水皰（arbuda）を生ずるので名づける。」

これらの名の立てられたわけについては「この中にては、有情が厳寒に逼《せば》められて、身と声との変ずるに随い、以て、其の名を立つ」（teṣāṃ sattvānāṃ tīvraśīta-abhihitānāṃ kāyaśabdavikārānurūpāṇy etāni nāmāni, *Abhk.*, p. 165）という。

ただし最後の寒地獄の名称について『ヨーガ行者の階梯』は、別の説明を述べている。「さて、寒い地獄に生れた衆生は、このような寒冷の苦痛を感受する。アルブダ（arbuda 水疱、瘡皰）〔という名の地獄〕に生れた衆生は、その場所に存する、とてもひどい寒冷に触れられて、全身が収縮して瘡皰のようになる。それ故にその地獄は、アルブダと名づけられているのである。」（*Yogācārabhūmi*, p. 86, *l*. 17f.）

源信が、なぜ八寒地獄の説明をはしょってしまったのか、われわれにはよく解らない。なおそのほかにも地獄は存在するのであるが、それらは「孤地獄」とよばれ、衆生それぞれの業の招くところであるという。

衆生、獄卒、ヤマ（閻魔）　地獄の獄卒（naraka-pāla）は有情であるかどうかということが、アビダルマ教義学において大いに問題となった。或る人々は、かれらは有情ではないと主張した。ではどうして動作をすることができるのか、ということが問題となるが、それは宇宙成立時期（vivartanī）に起こる風のようなものである。つまりかれらは独立の生存主体ではないが、ひとりでに活動を起こすというのである。

　これに対して高僧ダルマスブーティ（Bhadanta-Dharmasubhūti 法善現）は、心につねに怒りを含み、所行が残酷で、悪をなすのを好み、他人が苦しんでいるのを見て欣ぶ人々は、死んでからヤマ（琰魔）の手下の悪魔（Yama-rākṣasa）となる、と説いていたから、地獄の獄卒は有情なのではないか、という疑問がもたれるが、これについては、『倶舎論』の作者は、ヤマ王の使卒となって、死んでから来る諸々《もろもろ》の有情を地獄になげこむ者どもは有情であるが、地獄の中で有情を害し苦しめる獄卒は実の有情ではない、と解釈している。

　死者の王・ヤマ（Yama 閻魔）が地獄にあって死者を審判するというインド一般の思想も、原始仏教聖典のうちに現われている。死者の王たるヤマは、魂が地獄に到着したとき尋問し、その魂が生前の悪業の結果としてここに来たのであり、地獄の罰が加えられると説明している[一]。

（一）　*Aṅguttara-Nikāya*, III, 35 (vol. I, pp. 138-142).

　ところで、衆生が地獄のうちに生まれるのは過去の業の致すところであるが、しかし菩薩は地獄のような迷いの世界のうちにも、衆生を救おうという願によって生まれて来る。一般の凡夫は「業生」であるが、菩薩は「願生」であるということを、伝統的保守的仏教（小乗仏教）のうちの大衆部の系統では説いたのであるが、この思想は大乗仏教において特に強調されるようになった（地獄の衆生を救うという思想はヒンドゥー教のほうでも平行的に強調されるようになった。『マールカンデーヤ・プラーナ』に現われるヴィパシチット(Vipaścit)の物語は典型的である）。この方向の極限にあらわれたのは地蔵菩薩の信仰であろう。地蔵菩薩は迷える人々や悪人とともに在り、みずからは涅槃に入ることが無いと言われている。

しかし大乗仏教のうちの浄土教によると、思想の仏国土には地獄はない。無量寿仏の立てた四十八願のうちの第一の願を「無三悪趣願」（三つの悪い境域が無いようにしたいとの願）というが、それは、「たとひ、われ仏たることをえたらんに、くにに地獄・餓鬼・畜生あらば、正覚をとらじ」というのである。無量寿仏はこの願をすでに達成したのであるから、西方極楽浄土にはもはや地獄はありえないのである。

天台の地獄観　地獄の哲学的意義は、シナの天台大師によって特に深められた。地獄はわれわれを離れたところにあるのではなくて、われわれ自身のすがたなのである。天台大師は諸々の衆生を価値批判的な立場から十の階層に配列した。その十というのは、地獄・餓鬼・畜生・阿修羅・人間・天上・声聞《しょうもん》・縁覚・菩薩・仏の十界《じっかい》である。そのうちで地獄から天上までの六界はすでにインドの仏教に認められていたものであるが、天台大師はこれに声聞・縁覚・菩薩・仏の四界を付加して十界の体系を確立した（声聞・縁覚・菩薩・仏の四つを並べて列挙することは、『法華経』法師功徳品第十九に見られるが、天台大師はそれを取り入れたのである）。十界のうち前の六界、すなわち地獄から天上界までは迷いの世界であり、迷いがもととなってその間を流転するから「六道輪廻」などといわれる。これに対して声聞界からはさとりの世界に入ることになるので、六凡四聖《ろくぼんししょう》としてまとめられる。

ところで、天台の教学で興味深いのは、「十界互具《じっかいごぐ》」を説くことである。すなわち十界のうちのどれ一つをとりあげてみても、他の九界を可能性として内含しているというのである。これは大変なことである。仏といえども可能性としては地獄を内に含んでいるのである。まして人間に至っては迷いとさとりとの中間的存在として、地獄をも現出し得るし、仏ともなり得る。いわば振子のような中間的存在なのである。地獄は人間が内にひそめているすがたであるという理論を天台大師は確立したのである。

日本の仏教諸宗派は大部分は天台教学の影響を受けて成立したものであるから、天台の地獄観は日本人に決定的な影響を与えた。そうして「地獄」の観念は源信によって一般化されたと考えられる。

ここに表現されている地獄の状景は、空想的で、作り話であるという印象を与える。しかし、現実においてわれわれの生きているすがたを如実に表現したものではなかろうか。われわれは地獄の中に生きているのである。

日本における地獄の観念の受容

日本人のいだいていた他界観念が単純であったためであろうか、仏教が日本に受容された当初には複雑な地獄の観念は考えられていなかった。聖徳太子の著と伝えられる『三経義疏《さんぎょうぎしょ》』のうちには地獄は取り立てて論ぜられていないし、また最澄や空海も特に深く論ずるということも無かったようである。そうして教義学者たちのあいだでは、特に地獄だけを問題とすることは無かったらしい。

ところが一般民衆の受けとり方は異なっていた。地獄の観念は民衆のあいだに強烈に訴えるものがあった。

平安時代には、地獄の思想はすでにかなり一般化していたようである。平安時代の初めに、薬師寺の僧・景戒によって書かれた『日本霊異記』(二)についてみるに、地獄の恐ろしさは火に焼かれる苦しみによって代表されている。行基菩薩を誹謗した咎《とが》によって、三論宗の学僧智光は地獄に堕ちたが、そこでは「極めて熱き鉄《くろがね》の柱」を抱いて酷熱の苦しみを受けなければならなかった。「柱を抱けば、肉みな銷《と》け爛《ただ》れ、ただ骨璅《ほねくさり》（骸骨）のみ」が残り、三日たつとまた生きかえって、さらに前に倍する熱い鉄を抱かされ、この苦しみを九日にわたって受けている。

この伝説は、地獄の観念の社会的起源を説明するために相当重要であると思う。智光は、当時の最高級の学僧であり、いわば国家権力と結びついていた人である。そうして三論宗の〈空〉の哲学を徹底させると、地獄は妄想の所産であるということになる。これに対して行基は民衆の側に立っていた人であり、右の伝説をつくり出した人々は、行基を生き仏と仰いでいた庶民たちであったのであろう。地獄の観念は、この点では、学者よりも民衆との結び付きのほうが強かったのである。

『日本霊異記』は、そのほかにも地獄の責苦の物語を伝えている。

「藤原永手《ながて》が死後に、その子家依《いえより》の病気になったとき、病人に乗り移って叫んだ、「わたしは永手だ。わたしはかつて法華寺《ほっけじ》の幢幡《はたほこ》をたおしたまま直さなかったことがあるが、その後西大寺《さいだいじ》の八角の塔を四角にし、七重を五重にして経費を削ったりしたために、この罪によって、閻魔王にその宮殿に呼び出され、火の柱を抱かされ、折れ曲った釘を手に打ち立てられて身体を鞭打たれた」と。」

これらの地獄観念は宗教に関連したものであり、インド以来の伝統的な観念にしたがっているが、これとは異なって現世的な地獄の観念も現われている。

同じく『日本霊異記』の或る物語によると、下痛脚《しもあなし》村のある若者は、因果の道理を信ずることなく、いつも鳥の卵を探し求めては煮て食っていた。天平勝宝六年（七五四）の春、一人の兵士がこの男のところにやって来て、国衙《こくが》の役人がお呼びだ、という。そこでこの兵士に従って行くと、突然麦畠のなかに分けいった。畠は広く、麦が一面にのびていたが、ふと見渡すと、真赤な火が燃え広がっていて、足の踏み場もない。畠のなかを「熱い、熱い」と泣き叫びながら走り回った。ちょうどそこにひとりの木こりが来合わせ、この男を無理矢理つかまえて畠の周りをかこむ垣の外に引き出すと、男は地面に倒れて気を失った。しばらくたつと、息を吹きかえして「足が痛い」という。木こりがいぶかしがって尋ねると、事の次第を語ったが、下着をまくって見ると、むこうずねは肉が焼けただれ、とけ落ちて、骨だけになっていた。一日たってこの男は死んで行ったが、『日本霊異記』によると、このことからも「地獄の現に在ることを知る」ことができるという。

この記述から見ると、地獄というのは、現世とつながりのある世界だと考えられていた。死んでから後で行くところではなくて、現世の延長のように考えられていた。これは、仏教渡来以前の日本において、よみの国が現世の延長のように考えられ、現世と来世とが峻別されていなかった思想の継続的変容と考えられよう。

そして、日本人一般に地獄を、身に迫るなまなましいものとして感じさせるのに大いに力のあったものは、今まで述べてきた『往生要集』である。特に源信の属していた天台宗の教義によると、地獄は人間を離れてあるものではなくて、人間の一つの側面なのである。地獄の描写のうちに人間の諸相を見出したのも、極めて当然のことであった。

その後浄土教の興隆とともに、浄土と対比的に地獄が説かれ、その観念は日本人の間にあまねく行きわたることとなった[三]。

(一)『日本霊異記』からの資料については、石田瑞麿『悲しき者の救い　往生要集〈源信〉』(筑摩書房、昭和四十二年)四十六ページ以下によるところが多い。
(二)わが国古典で地獄に言及した若干の例としては、『今昔物語集』一巻第二、第十七。『方丈記』。『栂尾明恵上人遺訓』。『一遍上人語録』巻上・別願和讃。慈雲『短篇法語』。

地獄草紙と日本人の思惟(一)

わが国では平安朝以後に、地獄変《へん》とか、地獄変相とか、地獄絵、地獄図などと呼ばれる一連の図絵が成立した。この場合、「変」は変現の意である。それは地獄の状況を図にしたものであり、地獄の衆生が絶えず苦しみを受けるさまを現わしている。地獄・極楽を対照したり、十界・六道の一部として描いたものもある。インドのアジャンター石窟のものをはじめ、西域・中国に遺品があるが、日本では『往生要集』が出てから、浄土変とともに作られ、鎌倉時代の作がある。来迎寺の十界図(十五幀)のうちには等活・黒縄・衆合・阿鼻と閻魔王庁図があり、北野天神縁起の根本縁起には二巻の地獄変相がある。禅林寺の十界図、金戒光明寺の地獄極楽図屏風のほか地獄草紙にもくわしい。

地獄変が大きな意味をもっていることは、東アジア文化圏の特徴である。現在の中国にどれだけの地獄変が残っているか、素人のわたくしは知らないが、恐らくシナ芸術の主流をなすものではないであろう。例えば故宮博物館には地獄変の絵は一つも無かったように記憶す

カンボジアの地獄絵

る。したがって支配階級にとってはさほど意義をもたぬものであったのであろうが、しかし民衆にとっては重要な意味をもつものであった。

シナで地獄変が描かれたことは歴史的記録の示すところである。また東アジア文化圏の東北端にある日本の地獄変と最南端のカンボジアに伝わる地獄変が、構図もモティーヴもよく似ているということは、共通の根源から出たということを証するものであろう。

ところでいまわれわれが問題としたいのは、日本の地獄変の場面が写実的で残酷であり、嗜虐的な気分さえ感ぜられるということである。

これは日本の絵画としては全く例外的な現象である。日本の絵画には一般的に言うならば、残虐な光景を扱ったものは少ないし、たとい戦争の画面を扱っても、ボヤかしてしまって、写実的でない。

西洋の絵画は、日本画に比して写実的で残酷さも真に迫って、肌を刺すような趣がある。屏風や絵巻物などに描かれた日本の戦争画は、象徴的で全体がかすんで見え、遠くから見ていると、登場人物は戦っているのか、遊んでいるのか解らないようである。ところが西洋の戦争画では傷ついたり、血を流しているさまがなまなましくて、槍で刺されたり、刀で斬られたりした戦士の苦痛の呻き声が画面をはなれて直《じか》に聞こえて来るようである。

これが宗教画になると、東と西の相違は極端な対立を示している。仏菩薩の慈悲円満の相好と、文字どおり血のしたたる受難や殉教の場面とはあまりにも隔たっている。わたくしは西洋の教会へは尊敬の念を以て訪れ、西洋の美術館を参観するのも大好きであるが、ときにはぞっとするような嫌悪感に襲われることがある。西洋の宗教画は、まともに正視するに堪えない。これはわたくし一人の印象ではなくて、仏教的雰囲気のうちに育った多くの日本人の語るところである。

ところが地獄変だけは異なっている。西洋ではあまり地獄絵というものを伝えていない。西洋では地獄を詳細に叙述することをしないらしい。『聖書』の中における地獄への言及は極めて簡単であり、詳しい叙述としてはダンテの『神曲』などが考えられる程度ではなかろうか。

ところが日本では地獄に関する絵画が非常に発達し、しかも残酷な場面が多い。これは何故であろうか。

地獄は仏教の教義学によると、衆生のさまよう六道の一つにすぎない。また日本仏教の根幹となったといっても過言ではない天台の教学によると、十の生存領域（十界）の一つにすぎない。それなのに何故地獄が特に問題とされるに至ったのであろうか。

それは日本の宗教が、仏教、大乗仏教、さらにそのうちでも慈悲を特に強調するものであったからであると考えられる。

西洋における神は審《さば》きの神である。神を恐れるが故に悪事をしないのである。ところが仏教の仏には審きがない。悪人をもなお慈しむ。仏が罰するということはない。

針地獄　天明４年（1784）作の絵巻。千葉県安房郡延命寺蔵（絵本『地獄』より）

では悪人はいかに審かれるかというと、因果応報の理によるのである。悪い事をすると悪い報いを受ける。極重悪人ははては地獄の責苦を受ける。悪いことをすると、こんな酷《むご》い責苦を受けるぞ、といって民衆を脅かしたのである。

それは他面では仏の慈悲を強調する所以《ゆえん》でもあった。地獄でこんなひどい目に遭うような悪事を行なったような人間でも、救われる道がただ一つある。それは仏の慈悲にすがることである。

この点は、西洋の場合と非常に異なっている。西洋では神の審きによって地獄に堕ちた人間は絶対救われない。これに関しては多少の異説もあるが、西洋人一般の見解としてはこうであったと言っても差し支えないであろう。

ところが仏教によると、地獄の衆生でも救われるのである。だから学者のいうところによると、仏教の地獄は西洋人の考えた地獄とは異なっていて、その意義はむしろ煉獄《れんごく》(purgatory) のそれに近いと言われている。

大乗仏教、殊に浄土教によると、いかなる悪人でも救われる。もちろんここにまで到達するためには、かなり長い思想の変遷の過程があった。

浄土教の根本聖典である『大無量寿経』に説くところであるが、無量寿仏（阿弥陀仏）の第十八願によると、無量寿仏は、その大慈悲の故に念仏する一切の衆生を極楽浄土に救いとるが、ただし「ただ五逆〔の罪を犯した者〕と正法を誹謗したものを除く」という制限（抑《おく》止文《しもん》）が付せられている。すなわち、（一）母を殺し、（二）父を殺し、（三）敬うにたる修行者（阿羅漢）を殺し、（四）仏（釈尊）を傷つけて血を流させたものや、（五）教団の和合を破る分派活動（破僧）をした者のような、五つの大逆罪を犯した者、また正しい教え（仏教）を誹謗したような者は、阿弥陀仏といえども、これらを救わないというのである。ところが浄土教がシナに来ると、見解がゆるやかになった。シナの善導は、このような大悪人でも、回心したならば、極楽浄土に往生することができるのであるという意味に解した。さらに浄土教が日本へ来ると、この制限の文章はしばしば問題とされるが、法然上人はこの制限を、実際問題としては、まったく無視している。「ただこれは大悲本願の一切を摂する、なほ十悪五逆をもらさず、称名念仏の余行（念仏以外の修行）にすぐれたる、すでに一念十念にあらはれたるむねを信ぜよと申すにてこそあれ」「罪は、十悪五逆の者、なほむまる（浄土に生まれる）と信じて、〔しかも〕少罪をもをかさじと思ふべし」。文句の表面に関する限り、法然は、『大無量寿経』を作製したインドの宗教家とは、正反対の立言をしているのである。このような思惟傾向を受けて、浄土真宗のいわゆる「悪人正機（悪人こそ無量寿仏に救われる正当の資格ある者である）」の説が成立したのである。悪人正機説は親鸞の真意ではないかもしれない。しかし、このような思想が一般に浄土真宗の根本教義だと見なされたことがあるという思想史的事実は、これを否定することができない。

だから地獄に堕ちた悪人といえども救われる。地獄の恐ろしさを説くことは、仏の大慈悲を説くことと同一趣意に帰着するのである。

ところで、時代的に平安時代から鎌倉時代にかけて地獄絵図が盛んに流布するようになったのは何故であろうか？　その理由はよくは解らぬが、人間のはかなさ、無常を感ずるとともに、人間のあさましさ、罪業に対する反省と苛責《かしやく》の念が人々の心をとらえたからではなかろうか。現代人は人間の罪業を現世のことがらとして表現する。ところが常に彼岸を思っていた上代・中世の人々はかなたに地獄の責苦が待っていると考えて、罪業の恐ろしさにおののいたのであろう。

地獄の恐ろしさの観念は、無常観と一体になって発達した。この世で栄耀栄華《えいようえいが》を極めた者でも、いつかは死なねばならぬ。無常である。死ねば地獄の責苦が待っている。帝王といえども、もしも悪行を行なったならば地獄の審判の前にたたねばならぬという観念は皇室のメンバーによっても表明された。醍醐天皇の和歌に、

いふならく　奈落（地獄）の底に入りぬれば　刹利《せつり》（王族）も首陀《しゅだ》（奴隷）も異《かわ》らざりけり

という。この世の権勢ははかないものであると感じて、地獄を恐れるという気持は、最高の支配階級にまで及んでいたのである。

無常感が地獄の恐れとともにいだかれるということは、そののち長い年月にわたって日本人の心を支配するようになったのである。

(一) この一節の出典、考証については、『国宝地獄草紙』複製の「解説」(銀河社、昭和四十八年) 中の中村「地獄論」の注記(六四ページ)に出しておいたから、ここでは省略する。

二 餓鬼

『往生要集』では、簡略に、

第二に、餓鬼道を明《あか》さば、住処に二あり。一は地の下五百由旬にあり。閻魔王界なり。二は人・天の間にあり。(三〇ページ)

と言うが、〈餓鬼〉とは何であるか、という説明がない。ただ「その相、甚だ多し」と言って、餓鬼の種類をやたらに数え立てている。

総じて東アジアの人々は、〈定義する〉ということを好まなかった。ただ個別的な事例を挙げるだけである。或る事物を主語として、〈普遍プラス種類〉を以て述語するということをあまり行わなかった。

これは、道元についても見られる特徴であるが、源信の場合も同様であった。

そこで餓鬼とは何か、の考察を進めよう。

餓鬼の観念の成立㈠

「餓鬼」とは、仏教では一般に飢えて食物を待つ死者のことであると考えられた。迷える衆生の住む六つの生存領域（六道、六趣、ṣaḍgati）の一つである餓鬼道に住む。かれらは、悪業の報いとして餓鬼道に堕ちた亡者であり、飢渇に苦しむ。すなわち福徳のない者が陥り、常に飢え・渇き・苦しみに悩まされて、たまたま食物を得ても、これを食べようとすると、炎が発して食べることができないという。

餓鬼は、いわば欲求不満の人間のすがたを表現している。欲望はたぎっているが、何らかの制約に妨げられて、欲望はついに充足されないのである。

しかし仏教でも最初からこういう観念が成立していたのではない。バラモン教における観念を受けて、徐々に成立したのである。

バラモン教では、祖霊のことをpitṛと呼んだ。そうして祖霊に子孫が供物をそなえるという習俗があった。この観念は仏教のうちに継承された。

仏典では、餓鬼の原語はサンスクリット語でpreta、パーリ語でpetaというが、原義は、「逝きし者」「死んであの世におもむいた人」という意味で、「死者」を意味するだけに過ぎなかった。pra（先のほうに）-√i（行く）という語源にもとづく。シナでは死者の霊を「鬼」と名づけるので、単に「鬼」と訳すこともある。これが一種の幽霊のようなものを意味するようになったのは、後代のことである。

　インドのバラモン教およびヒンドゥー教の伝統的な観念によると、死者の霊は死後に子孫の供え物を待ちこがれているから餓えているのだとして、「餓」の字を付加して「餓鬼」とよぶようになったのだと考えられる（日本でこどものことを「餓鬼」と呼ぶようになったのは、こどもが食物を欲しがり、やたらにガツガツ食べることに共通性が見出されるためである）。


　この語源を念頭におくと、漢訳仏典のうちの説明を良く理解することができる。

「云何《なに》をか鬼道を名づけて「閉多」（preta）といふや？　閻魔羅王（Yama-rāja）を「閉多」と名づくるが故に、その生は王と同類の故に「閉多」と名づく。」（『立世阿毘曇論』第六巻）すなわち死後の世界の王者であるヤマは、かつては死んであの世におもむいた人、人間の最初の死者であるから、その後の死者と同類であるというのである。「復た説く、この道は余道（＝他の生存領域）と往還し、（pra-√*i*）、善悪相通ずるが故に「閉多」（preta）と名づく。」（同上）

　ここでは、「あの世におもむいた人」「死者」というだけの意味を認めているにすぎない。

　以上の説明は語源にも即しているし、インド一般の理解とも共通である。

　ところが仏教では、プレータというのを死者の一つの存在領域として立てて、畜生や地獄と並ぶものと考えるようになった。

インド哲学一般では生存者を分類して、神々と人間と畜生という三種にするのが普通である。古代インドにおいて人間は神々と動物との中間的存在であると見なされ、しかもそのことが強く意識されていた。人間は上方に向かってはつねに神々に等しからんことを願いつつ、しかも地上的なものにつねに束縛されていることを、古代のインド人は切実に感じていたのである。

しかし原始仏教ではこの分類法はあまりとらなかったようである。

仏教では生きとし生けるものの輪廻する範囲を生存領域（趣 gati）とよび、それは五種あるいは六種あると考えた。すなわち人間を中心として、人間よりもすぐれた存在として神々があり、人間より劣った存在としては、畜生、餓鬼、地獄の三種を立てることもあり、また畜生、阿修羅（asura）、地獄の三種を立てることもあったが、それらが総括されて畜生、阿修羅、餓鬼、地獄の四種とすることになった。だからそれらをすべて合わせると五種または六種となるのである。釈尊の語として、

「ここに五つの生存領域がある。五つとは何であるか。地獄と畜生と餓鬼と人間（manussa）と神々とである。」

とあり、人間については、

「われは、人間、人間世界に至る道、人間に至る行路を知り、またかつて行なった行ないに随って、身体が破壊したのち死後に人間のあいだに生まれるということを知っている。」

疾行《しつぎょう》餓鬼　沙門（僧）でありながら受戒を破り，生前，病者に与えるべき食をとった者が，この餓鬼道に生まれる。疫病で死者が続出すると，やってくる（東京国立博物館蔵『餓鬼草紙』より）

といって、他の地獄、畜生、餓鬼、神々（諸天）についても同様の説明をくりかえし、最後にニルヴァーナについていう。

「われは、ニルヴァーナ、ニルヴァーナに至る道、ニルヴァーナに至る行路を知り、またかつて行なった行ないに随って、諸々《もろもろ》の汚れを滅したのちに、汚れ無く、心の解脱《げだつ》、知慧の解脱をまのあたり自《みずか》ら知り体得して達しているということを知る。（三）」

さらに、畜生、餓鬼、神々についても同様の文句が繰り返されている。だから人間に生まれようと志向した人々がいたのと同様に、餓鬼に生まれようと志向し、その運命を知っていた人々もいたのであり、そうしてその限りにおいては、人間も餓鬼も畜生も区別が無いというのである。

餓鬼に生まれようと望むというのは、今のわれわれにははなはだ理解し難いが、ヴェーダの宗教において祖霊（pitr）の世界を認め、人が死後そこに生まれたいと願っていたことを考慮するならば、祖霊の原語をたまたまシナで「餓鬼」と訳しただけにすぎないということを思うと、容易に理解し得るであろう。

或る場合には五種の生存領域のうちで神々だけを特に詳しく分けてのべている場合もあることはすでに述べた（本書二三ページ）。ここでは五種の生存領域（後代のアビダルマ教義学によると「欲界の衆生」）のあいだに階位的な優劣関係を認めているのである。

しかしこのように五つにまとめられたのは、原始仏教聖典においてはかなり後のことであり、また〈生存領域〉とは、もとは神々と人間とだけに限られていたのであり、畜生、阿修羅、餓鬼、地獄の四つは前掲の二つとは区別されて、〈くずれ落ちたところ〉（悪道 vinipāta）と呼ばれていたらしい。

〈くずれ落ちたところ〉は「悪い生存領域」（Pali：duggati；Sanskrit：durgati 悪趣、悪道）と呼ばれることもある。地獄・餓鬼・畜生の三つを「三悪道」と呼ぶことは仏典にしばしば出て来る。duggati とは最初期の仏教においては「悪しき生存状態」という一般的な意味であり、人間の生存のことを意味していたらしい。必ずしも三悪道という意味ではなかったと思われる。

ところが後になって仏教では衆生の輪廻する範囲を地獄・餓鬼・畜生・人間・天上という五つの生存領域（五趣）に分け、或る場合にはそれに阿修羅（asura）を加えて六つの生存領域（六道または六趣）とするようになった。〈五つの生存領域〉を立てることは、前に指摘したようにすでにパーリ文の原始仏教聖典の中に見られるが、〈六つの生存領域〉という観念は原始仏教聖典の詩句の部分には現われていないようである。六道を立てる場合には、地獄・畜生・餓鬼・阿修羅の四つは悪い生存領域（悪道）と考えられていた。

伝統的保守的仏教（いわゆる小乗）の体系化された教義によると、衆生の生存している生活環境を欲界（kāmadhātu）、色界（rūpadhātu）、無色界（ārūpyadhātu）の三つ（三界）に分ける。

すなわち、衆生が生まれて死に輪廻する領域として、三つの迷いの世界を考えた。（1）欲界は、最も下にあり、婬欲・食欲の二つの欲を有する生きものの住む所である。欲の盛んな世界であって、この中には地獄・餓鬼・畜生・修羅・人・天の六道（または六趣）があり、欲界の天（神々）を六欲天という。（2）色界は、欲界の上にあり、婬欲と食欲とを離れた生きものの住む所である。ここは絶妙な物質（色）より成るので、色界という。欲を離れた清らかな世界である。（3）無色界は、最上の領域で、物質を超えた世界である。精神のみが存在する。

『教義綱要書』には、

「〈欲界〉とは地獄（naraka）と餓鬼（tiryañcaḥ, pl.）と人間ども（manuṣyāḥ）と六欲天（ṣaḍ divaukasaḥ）という四つの生存領域（趣 gati）である。「六欲天」とは六つの神々の集まり（davanikāyāḥ, pl.）すなわち例示すると、四大王衆天（Cāturmahārājakāyikāḥ）と三十三天（Trāyastriṃśāḥ）とヤーマ天（Yāmāḥ）とトゥシタ天（Tuṣitāḥ）と化楽《けらく》天（Nirmāṇaratayaḥ）と他化自在天《たけじざいてん》（Paranirmitavaśavartinaḥ）とのことであり、さらにかれらの住む自然世界（bhājana-loka 器世間《きせけん》）とともにそのように称するのである。」（*Abhk.*, p. 111, *ll.* 5-8)

という。

　ところで欲界には二十の場所（sthāna）があるという（ibid., III, 1d）。すなわち餓鬼・畜生のそれぞれ住む場所と、人間の住む四大州と八種の地獄と六欲天とで二十になる。人間の住むところと畜生の住むところとは交錯しているが、『倶舎論』によると、亡霊（preta 鬼、餓鬼）の本来の住処（mūlaṃ sthānam）はヤマ王の王国であり、このジャンブードヴィーパ（贍部《せんぶ》洲）の下方にあたって五百ヨージャナを過ぎたところにあるが、縦横の量もそれと同じであると記されている。ここではヤマは亡霊・祖霊の王であったという『リグ・ヴェーダ』以来の見解がそっくり継承されて、仏教的に変容されたのである。

　餓鬼は「生きもの」（有情 sattva）という部類に属する。つまり石とか水のような無生物ではないのである。また餓鬼の生存自体は無覆無記《むぶくむき》（anivṛtāvyākṛta）であり、善とも悪とも決定されず、修行のさまたげとなるような覆いの無いものである（ibid., III, 4）。そうしてそれは中有（中陰 antarābhava）を本質としているものではない。アビダルマ仏教では人が死んで、次の生存に生まれ変るあいだの中間的な、つなぎの存在として中有（中陰）なるものを考えた。幽霊のようにふわふわとしてどこかに漂っている存在なのである（「中陰四十九日の法要」とは、四十九日たつと中陰がどこかに生まれかわったとして、追善の法要をいちおう打ち切るというところに由来する）。ところがアビダルマ教義学によると、餓鬼は中有ではないというから、生まれかわるまでの一時的な、ふらふらした存在でもないのである。

仏典では神々（諸天）や地獄に関する叙述は頻繁にまた数多く出て来るが、餓鬼に関する記述は比較的に少ない。何故であろうか？

仏教は道徳的な教えであり、「善因善果、悪因悪果」を説くから、むくいを受ける場所としては天界（神々の世界）と地獄とだけで充分である。ところがヴェーダの宗教では古来祖霊の存在を説いていたし、仏教もそれを否定しなかったので、祖霊にも位置を与えていた。ところが日本へは「餓鬼」すなわち「餓えた鬼」として導き入れられた。人間は餓えたときにはどんな悪いことでもする。そこで異様に強烈な印象を与えるものとして、餓鬼が表現され、叙述されるようになったのであろう。

（一）以下の引用文の出典およびその詳しい考証については『国宝餓鬼草紙』複製の解説（銀河社、昭和五十四年）中の中村「餓鬼の起源」（五五～七九ページ）に述べておいたので、ここでは省略する。

（二） *MN.*, vol. I, pp. 73-74.

餓鬼のすがた

では餓鬼はどこに住んでいるのか？

「贍部《せんぶ》洲（インド大陸）の下に五百ヨージャナ（踰繕那 yojana）にしてヤマ（琰魔 Yama）王の〔世〕界あり。これは一切の鬼の本の所住処なり。かれより流転（移動）して、また余処にも在り。この洲（インド大陸）の中において二種の鬼あり。〔第〕一〔種〕は有威徳、〔第〕二〔種〕は無威徳なり。有威徳の者は、或は花林・果林、種々の樹の上に、好き山林の中に住し、また宮殿あるものあり、空中に在るものもあり。乃至あるひは余の清浄なる処に住し、諸の福楽を受く。無威徳の者は、あるひは厠溷糞壌《しこんふんじょう》・水竇《すいとう》・坑塹《こうざん》の中に住し、乃至あるひは種々なる雑穢の諸々《もろもろ》の不浄処に住し、薄福・貧窮・飢渇に苦しめらる。東のヴィデーハ〔洲〕、西のゴーダーニヤ〔洲〕にも、またこの二〔種の鬼〕あり。北のクル洲にはただ大威徳の者のみあり。有《あ》るひとが説く、――〔北のクル洲には餓鬼は〕全く無し、と。（中略）四大王衆天および三十三天の中には大威徳鬼ありといえども、諸の天衆と門を守り、防邏《ぼうら》し、遵従して給使す。有るひとが説く、――この贍部洲の西において五百の渚（＝島）あり、両行にして住す。両行の渚の中において五百の城あり、二百五十の城には有威徳なる鬼が住し、二百五十の城には無威徳なる鬼が住す。」（『大毘婆沙論』第一七二巻、『大正新脩大蔵経』二七巻八六七ページ中）

以上には、死者の行きつく先についてのインド一般の見解が生きている。鬼は死者なのだから、幸運に恵まれた者もいれば、また不運なものもいると考えていたのである。

ところが仏教史の中で一つの大きな変化が起った。餓鬼とはつねに不運なものであり、その住処は悪道の中にあるというのである。次の文は、そのような観念が勝っている。『正法念処経』第十六巻には、

「諸々の餓鬼を観ずるに略して二種あり。……〔第〕一〔種〕は人びとのなかに住し、〔第〕二〔種〕は、餓鬼世界に住す。……餓鬼世界は閻浮提《えんぶだい》（Jambudvipa インド大陸）の下、五百由旬（ヨージャナ）に住す。長さ、三万六千由旬あり。および余《ほか》の餓鬼、〔その〕悪道の眷属《けんぞく》、その数は無量にして、悪業はなはだ多し。閻浮提に住するもののうちに、近きものあり、遠きものあり。」

という。次の文章では「餓鬼」を一方に限っている。

「鬼に二種あり、弊鬼と餓鬼となり。弊鬼は天の如くに楽を受く。但し餓鬼と同住し、即ちその主となる。餓鬼の腹は山谷の如く、咽は針身の如し。唯だ三事（三つのもの）のみあり、黒皮と筋と骨となり。無数百歳に飲食の名を聞かず。何ぞ況《いわ》んや見ることを得んや。復《ま》た鬼あり、火が口より出づ。飛蛾が火に投ぜば、それを飲食と為す。糞、涕唾《なみだつば》、膿

血、洗器の遺余を食するものあり。或は祭祀を得（＝子孫が祭ってくれるので、供物を食することができる）、或は産生の不浄を食す。かくのごとき等の種々の餓鬼あり。」（『大智度論』第三〇巻）

ここでは不幸で苦しみ抜いている浅ましい〈鬼〉を「餓鬼」と呼んでいる。『大智度論』は古来シナ・日本でよく読まれた典籍であるから、ここに述べられている餓鬼のすがたが恐らく日本の「餓鬼草紙」に影響を及ぼしたのであろう。

餓鬼には化生のものと胎生のものとがあるという（『雑阿毘曇心論《ぞうあびどんしんろん》』第八巻）。

餓鬼の種類

『往生要集』における餓鬼の叙述は、主として『大乗理趣六波羅蜜多経』および『大智度論』にもとづいているが、それらのサンスクリット原文は伝わっていないので、直接に原文と対比することはできない。

ところで、『往生要集』の中には、種々なる餓鬼のことが出ているので、これを『諸法集要経』（*Dharmasamuccaya*）の中の説明と対比してみたい（前節で採用した『倶舎論』には、餓鬼に関する説明が殆んど無いので、『倶舎論』はいまこの場合には役に立たない）。

それはすべて韻文より成るが、最近この経典のサンスクリット原文が、チベット訳、漢訳と対照されて、フランス訳とともに出版刊行された。その韻文は『正法念処経』第十六巻、第十七巻、餓鬼品第四之一および二のうちに出ているが、それにはさらに散文の説明が多く付け加えられている。『往生要集』の中の餓鬼の説明の理解のために、それのサンスクリット原文と対比してみよう。

『往生要集』

いま少分を明さば、或は鬼あり。钁身《かくしん》と名づく。その身の長大《たけ》にして、人に過ぐること両倍、面・目あることなく、手足は猶し钁《かま》の脚の如し。熱き火中《なか》に満ちて、その身を焚焼す。昔、財を貪り、屠《ほふ》り殺せし者、この報を受く。（三〇ページ）

『諸法集要経』

「髪は乱れて面《かお》をおおい、盲《めしい》たるがごとく、
何も求める希望も無く、生きる望みも捨ててしまった。
ただ、皮膚や筋肉の網に縛せられている。
しかも、ああ、われらは苦しみながら生きているのだ。」（八）

『往生要集』

或は鬼あり。食水《じきすい》と名づく。飢《き》渇《かつ》身を焼き、周慞して水を求むるに、困《くるし》んで得ることあたはず。長き髪面《おもて》を覆ひ、目見る所なく、河の辺に走り趣いて、もし人河を渡りて、脚足の下より遺《のこ》し落せる余水あれば、速かに疾く接し取りて、以て自ら活命す。或は人の、水を掬《むす》びて亡き父母に施すことあらば、則ち少分を得て、命《いのち》存立することを得。も

し自ら水を取らんとすれば、水を守るもろもろの鬼、杖を以て撾《う》ち打つ。昔、酒を沽《う》るに水を加へ、或は蚓《みみず》・蛾《が》を沈めて、善法を修めざりし者、この報を受く。（三〇〜三一ページ）

『諸法集要経』

「泉のうちに水は見られない。
貯水池のなかでも水は乾いている。
河流は滅亡してなくなってしまう。
——われらはただ流れて走っているのに。」（一九）

「われらは岩山、森林とともにあるが、水は乾いている。
われらはつねに水を求めて、地上をへめぐり馳けるであろう。」（二〇）

『往生要集』では、餓鬼の説明の最後のところで、次のようにいう、

また外の障に依りて食を得ざる鬼あり。謂く、飢渇常に急にして、身体枯竭《こかつ》す。たまたま清流を望み、走り向ひてかしこに趣けば、大力の鬼ありて、杖を以て逆《さかさま》に打つ。或は変じて火と作《な》り、或は悉く枯れ涸《つ》く。或は内の障に依りて食を得ざる鬼あり。謂く、口は針の孔の如く、腹は大いなる山の如くして、たとひ飲食に逢ふとも、これを噉《くら》ふに由なし。或は内外の障なけれども、用ふることあたはざる鬼あり。謂く、たまたま少《わず》かの食に逢ひて食ひ噉《は》めば、変じて猛焰となり、身を焼いて出づ。（三二ページ）

これは『瑜伽師地論』（第四巻）の文章にもとづいているのであるが、それによると、餓鬼には〈外に由って飲食に障礙《しょうげ》あるもの〉と〈内に由って飲食に障礙あるもの〉と〈飲食に障礙あること無きもの〉との三種があるという。

それのサンスクリット原文は、次のごとくである。

「また餓鬼（pretāḥ）は、略説すると、三種類ある。（1）飲食物を得るのを外的に妨げられる〔餓鬼たち〕と、（2）飲食物を得るのを内的に妨げられる〔餓鬼たち〕と、（3）飲食物自体が妨げとなっている〔餓鬼たち〕とである。」

右の三種のうちで、第一種は、外的条件にもとづいて食物の得られない餓鬼どもである。源信の読んだ漢訳文によると、

「（1）〈外に由って飲食に障礙あるもの〉とは、謂《い》はく、かの有情は上品の慳《けん》を習ふに由るが故に（＝極めてひどいものおしみの習慣があるから）、鬼の趣のうちに生じて、常に飢渇と相応し（＝むすびつき）、皮も肉も血脈も皆な悉く枯槁《ここう》して、火炭のごとく、頭髪は蓬乱《ほうらん》し、その面は黯黒《あんこく》にして、唇や口は乾焦し、常にその舌を以て口や面を舐略《しりやく》す。飢渇慞惶《しょうこう》として、処々に馳走し（＝かけめぐり）、到るところの泉や池は、余《ほか》の有情が手に刀杖および羂索《けんさく》を執りて行列して守護するがために、趣くを得ざらしむ。あるひは強《し》ひて、これに趣けば、すなはちその泉は変じて膿血と成るを見て、自ら飲むを欲せず。かくのごとき等の鬼は、これを〈外に由って飲食に障礙《しょうげ》あるもの〉と名づく。」

という。サンスクリット原文では、

「そのうちで（1）外的に飲食物を得るのを妨げられる〔餓鬼たち〕とは、いかなる者どもであるのか？　ひどい慳吝《ものおしみ》の癖がついていたために餓鬼の領域（pretāyatana）に生れた人々は、飢渇におそわれて、皮膚や肉や血が涸乾して、顔には髪がふりかかっていて、焼けのこりの棒杭のような恰好をしている。飢渇のために顔色も消え失せ、顔は憔悴して、舌で舐《な》めていて、顔は狂乱して、きょろきょろしている。あちこちに匍《は》って行って、池水（tadāga）の中に入ろうとする。ところが、そこには、刀を手にし、索縄を手にし、槍を手にしている者どもが、匍って行って浴しようとする者どもを、池水のところへ行けないように堰き止めてしまう。また〔やっとのことで、そこに赴いても〕その水が膿や血に〔変じている〕のを見る。それ故に〔飲むことができないから〕おのずから、飲みたいという欲望が満足されることになる。このような餓鬼たちが、飲食物を得るのを外的に妨げられている者どもなのである。」

という。

第二の種類の餓鬼は、身体内部に障害があって、食べたくても食べることのできない者どもである。源信の読んだ漢訳文によると、

「（2）〈内に由って飲食に障礙あるもの〉とは、――謂はく、かの有情は、口が或は針のごとく、口が或は炬《たいまつ》のごとく、或ひは復た頸に癭《こぶ》あり、その腹は寛大なり（＝デップリ

している）。この因縁に由りて（＝それ故に）、たとひ飲食を得、他よりの障礙無くとも、自然にもしくは噉《くら》ひもしくは飲むこと能はず。かくのごとき等の鬼は、これを〈内に由って飲食に障礙あるもの〉と名づく。」

という。

それのサンスクリット原文は、

「（2）飲食物を得るのを内的に妨げられる〔餓鬼たち〕とは、いかなる者どもであるのか？　例えば、口が針のような者ども、口が炬《たいまつ》のような者ども、また頸に瘤のある者ども、腹の出っ張っている者どもである。そのわけは、かれらは他人によって妨げられることはないけれども、おのずから妨げられて、飲食物を得ても、食べたり飲んだりすることができないのである。このような餓鬼たちが、飲食物を得るのを内的に妨げられているものどもなのである。」

となっている。

第三の種類の餓鬼は、食べることは食べるが、食べたものが実際上は食べたことにならない者どもである。源信の読んだ漢訳文では、

「（3）〈飲食に障礙《しょうげ》あること無きもの〉とは、――謂はく、餓鬼あり、「猛焔鬘」(Jvālāmālinaḥ) と名づく。飲みあるひは噉《くら》ふところにしたがって（＝そのたびごとに）皆な焼かれ然《も》やさる。この因縁に由りて（＝それ故に）飢渇の大いなる苦しみは、未だ嘗《かつ》

伺便《しべん》餓鬼　前世，不浄の食物を沙門（僧）に与えたため，糞尿を食するようになった餓鬼。街角で老若男女が用を足しているところに群がっている（東京国立博物館蔵『餓鬼草紙』より）

て暫くも息《や》まず。復《ま》た餓鬼あり、〈糞穢《ふんえ》を食ふもの〉と名づく。或は一分（＝一部分）は糞を食ひ溺を飲むものあり、或は一分は唯だ能く極めて厭悪すべき生《なま》と熟との臭穢を飲み噉ふものあり。たとひ香美を得るとも、食すること能はず。或は一分は、自ら身の肉を割きて、これを噉食するものあり。たとひ余の（＝他の）食を得るも、竟《つい》に噉ふこと能はず。かくのごとき等の鬼は、これを〈飲食に障礙あること無きもの〉と名づく。」

となっている。サンスクリット原文では、「飲食物を得るのを妨げられる者ども」(bhojanapānakṛtāvaraṇāḥ) となっていて、語の表面では、原文と漢訳とは正反対になっているが、実質的には同じことである。玄奘の漢訳は、解り易くするために意訳したのであろう。次にそのサンスクリット原文を紹介しよう。

「（3）飲食物を得るのを妨げられる〈餓鬼たち〉とは、いかなる者どもであるか？〈猛炎の輪で飾られている者ども〉（Jvālāmālinaḥ）という名の餓鬼どもがいる。かれらは、食物を食べるごとに、また飲物を飲むごとに、すべて焼かれてしまう。そういうわけで、かれらの飢渇の苦しみは、いつになっても消え去ることがない。

また〈糞を食らう者ども〉（Avaskarabhakṣāḥ）という名の餓鬼どもがいる。すなわち、或る者どもは、不浄を食らい、尿を飲む。あるいは、汚らしい、悪臭を放つ物、生《なま》の物、嫌いな物、ぞっとする物を食べたり、飲んだりすることができる。また或る者どもは、自分の肉をさえも割いて食べてしまう。しかし、浄らかなもの、すぐれておいしいものを、食べたり飲んだりすることができない。このような餓鬼たちが、飲食物自体が妨げとなっている者どもである。」（*Yogācārabhūmi*, p. 87, *l.* 17-p. 88, *l.* 20）

源信の叙述は、原文よりもかなり簡単になっている。恐らく、すでに他の諸経論を引用して詳しく叙述したので、重複を厭うて、既述の文章とかち合うものは、これを省略したのであろう。

しかし、かれが日本人であるが故に、原典のえがく状景を理解し得ず、ゆがめた点もある。右のサンスクリット原文には、餓鬼が水を飲もうとして池水（taḍāga）のもとに赴くというが、tadāga とは主として石畳で囲まれた四辺より成り全体が四角になっている貯水池（それが霊場の沐浴池となっていることもある）のことをいう。玄奘三蔵は右の一節の漢訳文ではこれを「泉池」と訳しているが、それの或る側面を伝えている。ところが、源信はこれを「清流」（三二ページ）と改めてしまった。日本では、貯水池もあり、殊に関西地方には多いが、それは主として農業用水であり、インドにおけるがごとく参拝の前に、衣類を着けたまま沐浴したり、飲んだりするためのものではない。日本人は水を飲むときには「清流」の水を掬すか、井戸の水を飲むのである。だから叡山に隠棲していた源信は、これを「清流」と改めてしまったのである。

なお右の一節と部分的に似ている詩句が『諸法集要経』のうちにも存する。

「われは、饑渇の苦しみである火を身に受け、
　火から生ずる第二の苦しみを身に受け、
　杖や刀剣から起る第三の苦しみをも身に受ける。」（三〇）

恐らくサンスクリットの詩と共通な思想が〈餓鬼〉の観念として本来的なものであり、源信はインド仏教のうちでも発達した段階の思想を受けているのであろう。

三　畜生

畜生とは、生物学的には動物を意味するわけであるが、けっきょく三種類に分けられると源信は言う。

第三に、畜生道を明さば、その住処に二あり。根本は大海に住し、支末は人・天に雑《まじ》はる。別して論ずれば、三十四億の種類あれども、惣じて論ずれば三を出でず。一には禽《きん》類《るい》、二には獣類、三には虫類なり。（三二一ページ）

これらの畜生は浅ましい存在であり、互いに殺し合っているだけにすぎない、ということを強調している。

かくの如き等の類、強弱相《あい》害す。もしは飲み、もしは食ひ、いまだ曾《かつ》て暫くも安らかならず。昼夜の中に、常に怖懼《ふぐ》を懐けり。いはんやまた、もろもろの水性の属《ともがら》は漁者の為に害せられ、もろもろの陸行の類は猟者の為に害せらる。もしは象・馬・牛・驢・駱駝・騾《ら》等の如きは、或は鉄の鉤にてその脳を斵《き》られ、或は鼻の中を穿《うが》たれ、或は轡《くつわ》を首に繋ぎ、身に常に重きを負ひて、もろもろの杖捶《じょうすい》を加へらる〔むちで打たれる〕。ただ水・草を念ひて、余は知る所なし。また蚰蜒《ゆえん》〔げじげじ〕・鼠狼《そろう》〔いたち〕等は、闇の中に生れて闇の中に死す。蟣《き》蝨《しつ》〔しらみ〕・蚤等は、人の身に依りて生じ、また人に依りて死す。またもろもろの竜の衆は、三熱の苦を受けて昼夜に休むことなし。或はまた蟒蛇《もうだ》〔うわばみ〕は、その身長大なれども聾騃《ろうがい》にして足なく、宛転《えんてん》として腹行し、もろもろの小虫の為に唼《す》ひ食はる。（三二一～三二二ページ）

源信の説明は、極めて簡単である。いかなる経論をも引用していない。自然界にいくらでも見られる動物の生活を叙述しないで、実際には見えない地獄や餓鬼のことばかり詳しく述べ立てているのは、かれが地獄や餓鬼のうちに、実は生きている人間のすがたを見出したからではなかろうか。

四　阿修羅

阿修羅（asura）に関する源信の説明も、極めて簡単である。

第四に、阿修羅《あしゆら》道《どう》を明さば二あり。根本の勝れたる者は、須弥山《しゆみせん》の北、巨海の底に住し、支流の劣れる者は、四大洲の間、山巌の中にあり。雲雷もし鳴れば、これ天の鼓なりと謂《おも》ひて怖畏周章し、心大いに戦《おのの》き悼《いた》む。また常に諸天の為に侵害せられ、或は身体を破り、或はその命を夭《よう》す。また日々三時（朝・昼・晩）に、苦具《くぐ》自《おのずか》ら来りて逼《せま》り害し、種々に憂ひ苦しむこと、勝《あ》げて説くべからず。（三三ページ）

これが説明の全部である。阿修羅は、源信の関心の外にあったらしい。阿修羅というものはインド神話においては重要な存在であり、神々と対立する一群の鬼類であるが、日本人にとっては、さっぱりなじみの無い存在であった。だから源信が興味をもたなかったのは当然である。ただ、阿修羅は六道の一つとして仏典の中に現われ、――仏典をつくった若干のインド人たちにとってはそれは無視できない存在であった――そうして天台の教学体系にくみ入れられていたから、源信はそれに言及したというにとどまる。

五　人間

源信は、人間を、汚らしいもの、苦しいもの、哀れなものとしてのみとらえている。

源信は、人間の世界を三つの相のもとに考える。それは（1）不浄の相、（2）苦の相、（3）無常の相である。これらは、いずれも仏典の中に繰り返し説くところであるが、この三つに体系化したところに、源信の独自性が認められる。

> 第五に、人道《にんどう》を明さば、略して三の相あり。審《つまびら》かに観察《かんざつ》すべし。一には不浄の相、二には苦の相、三には無常の相なり。（三四ページ）

「人道」とは、人間の生存状態という意味である。「道」の原語がgatiで、その原義は、進み行くこと、その状態をいうので「道」と訳したのである。

かれは人間の身体をこまかに観察分析している。そうして無常を強調するが、その一例として、

> 法句《ほっく》譬喩《ひゆ》経の偈《げ》に云ふが如し。「空にもあらず海の中にもあらず　山石の間に入るにもあらず　地の方処として　脱《のが》れ止《とど》まりて死を受けざるものあることなし」（四〇ページ）

これはパーリ文の次の文句に相当する。

「大空の中にいても、大海の中にいても、山の中の洞窟に入っても、およそ世界のどこにいても、死の脅威のない場所は無い。」(『ダンマパダ』一二八、岩波文庫『ブッダの真理のことば　感興のことば』二八ページ)

人間のありさまは、ただ厭うべきものとして考え、そこから離脱せねばならぬ、という。

人道かくの如し。実に厭離すべし。(四一ページ)

源信は多数の仏典を引用し、殊に天台大師の『摩訶止観』を引用しているが、サンスクリット原文を示し得るものが殆んど無いのは残念である。

ただ、かれは引用してはいないけれども、『瑜伽師地論』のうちの人間に関する説明を読んでいたことは疑いない。なんとなれば、かれは、その直前の諸節に言及しているからである。しかしかれはその重要性を認めず、引用しなかった。だが、われわれは前後の対比をしてみたい。そこでサンスクリット原文から引用してみよう。

「さて人間どもの間に生れた者どもは、このような窮乏の苦しみを受ける。先ず、生れながらにして飢渇にさいなまれる苦しみと、欲望にさいなまれる苦しみと、粗悪なる食物を食べるようにさいなまれる苦しみと、損害を受ける苦しみと、追求したり疲労するのにさいなまれる苦しみと、時候の変化にもとづいて寒さあるいは暑さにさいなまれる苦しみと、作ったものが流失してしまう苦しみと、家屋などの覆いが無いことにさいなまれる苦しみと、事業を中止せねばならぬとか、闇黒などの障害にさいなまれる苦しみと、また享楽〔に関しては〕老いる苦しみ、病気の苦しみ、死の苦しみを受けるのである。そのわけは諸々《もろもろ》の地獄（naraka）では、そこのものどもは、死を楽しみだと考えているからである。それ故に、そこ（地獄）においては、死は苦しみであるとは定められていないのである〔ところが人間どもにとっては、死は苦しみなのである〕。」（*Yogācārabhūmi*, p. 88, *l*. 21-p. 89, *l*. 5）

説明はそれだけで終っている。あまりにも簡単であり、源信はこれを引用する必要をさえ認めなかったのであろう。

源信が人間に関して述べているのは、人間の不浄と苦しみと無常だけであり、やはり説明は比較的に簡単である。なんらかの特別な〈人間論〉を期待する人は、人間に関する源信の記述があまりにも簡単なのに失望するであろうが、人間を五道とか六道の一つとして論ずる場合に、前述のように、仏教は人間に大して意義を認めなかったらしい。

そうして人間のうちに潜む〈地獄のすがた〉に源信は注目した。だからかれは、地獄のことばかり詳しく論じているのである。

六天道

人間の場合と同様に、神々も、源信にとっては大して注意を払う必要のある存在ではなかったのである。かれは、天道、すなわち神々の世界のことを簡単に論じている。

第六に、天道を明さば三あり。一には欲界、二には色界《しきかい》、三には無色界《むしきかい》なり。その相《そう》既に広くして、具《つぶ》さには述ぶべきこと難し。(四一ページ)

「欲界」は欲望にとらわれている領域である。この領域にある神々は、まだ欲望をもっている。その上に色界があるが、色界は食欲と性欲の二つを離れた存在の住む、清らかな物質(色《しき》 rūpa) より成る世界である。無色界は、そのような物質さえもない領域である。

しかしこのような神々の世界にも、苦悩は存在する。

且《しばら》く一処を挙げて、以てその余を例せば、かの忉利天《とうりてん》の如きは、快楽《けらく》極りなしといへども、命終に臨む時は五衰《ごすい》の相現ず。一には頭の上の花鬘《はなかつら》忽ちに萎み、二には天衣、塵垢《けが》に著され、三には腋《わき》の下より汗出で、四には両の目しばしば眴《くるめ》き、五には本居《ほんご》を楽しまざるなり。この相現ずる時、天女・眷属、皆悉く遠離して、これを棄つること草の如し。(四一ページ)

ちょうど人間の世界で、老人が捨て去られるのと同じである。

林の間に偃《たお》れ臥し、悲しみ泣いて歎じて曰く、「このもろもろの天女をば、我常に憐愍せしに、いかんぞ一旦に我を棄つること草の如くする。我いま依るところなく怙《たの》むところなし。誰か我を救ふ者あらん。」（四一ページ）

と。しかし誰も、かれに目もくれない。

この言を作《な》すといへども、あへて救ふ者なし。（四二ページ）

そうして結論として言う。

当に知るべし、天上もまた楽《ねが》ふべからざることを。（四二ページ）

この立言は、非常にdrasticである。幾多の宗教は、〈天国に生れる〉ことを理想とした。しかし天国は決して願わしいところではないのである。

七　結語

源信は、人間の厭わしいすがたを総括して言う。

一篋《きょう》〔地・水・火・風の四大の結合によってできた人間の身体〕は偏に苦なり。耽荒《とこう》〔度を越して楽しみにふける〕すべきにあらず。四の山合せ来りて避け遁《のが》るる所なし。しかるにもろもろの衆生は貪愛《とんあい》を以て自《みずか》ら蔽ひ、深く五欲に著《じゃく》す。常《じょう》にあらざるを常と謂《おも》ひ、楽にあらざるを楽と謂ふ。かの、癰《よう》を洗ひ、睫《まつげ》を置くものの如し。なほなんぞ厭

はざらん。いはんやまた刀山《とうせん》・火湯《かとう》、漸くまさに至らんとす。誰か智あらん者、この身を宝玩《ほうがん》せんや。（四二〜四三ページ）

源信は人間そのものを見つめたのである。人間の〈生〉は〈死〉に裏づけられている。生あるものは、必ず死なねばならぬ。それは、無常のすがたである。

ところで〈死〉は人々の欲しないものであるから、死に裏づけられているはずのものである〈生存〉は、苦しみであると言わねばならぬ。その真実のすがたは、無常であり、苦しみである。

近代人が顔をそむけて通っているその根底的な真実のすがた、――それに直面することを源信は教えているのである。

そうしてこの厭わしいすがたから脱れるには、ひとえに仏の教えに帰依すべきであるという。

我等、いまだ曾《かつ》て道を修せざりしが故に、徒に無辺劫を歴《へ》たり。今もし勤修《ごんしゅ》せずは未来もまた然るべし。かくの如く無量生死の中に、人身《にんじん》を得ること甚《かた》だ難し。たとひ人身を得とも、諸根《しょこん》を具することまた難し。たとひ諸根を具すとも、仏教に遇ふことまた難し。たとひ仏教に遇ふとも、信心を生ずることまた難し。（四四ページ）

たまたま仏の教えを聞くことができるようになったのは、よほどの有り難い縁である。

法華経の偈に云く、「無量無数劫にも　この法を聞くことまた難し　能くこの法を聴く

者あらば　この人も亦また難し」と。（四四ページ）

サンスクリット原文には、

「このような最上の法（教え）は、幾千万億劫を経ても得難いであろう。最上の法を聴いて信ずるこのような人々も（同様に）得難いであろう。（一）」

となっているが、趣意の上での相違は認められない。

源信の説くような「厭離」は、実は小乗仏教の説くところであり、大乗仏教の真精神はそれとは異るのではないか、という疑問をもたれていた。

　問ふ。もし無常・苦・空等の観を作《な》さば、あに小乗の自調《じちょう》・自度《じど》に異らんや。（五〇ページ）

　この疑問に対して、源信は、厭離を思うのは、必ずしも小乗仏教だけのことではなくて、大乗仏教でも説くのだ、という。

　答ふ。この観も小《しょう》〔乗〕に局《かぎ》らず。また通じて大乗にもあり。（五〇ページ）

つまり小乗仏教にも、大乗仏教にも共通だというのである。

　或はまた大経の偈に云く、「諸行《しょぎょう》は無常なり　これ生滅《しょうめつ》の法なり　生滅の滅し已れば
　寂滅《じゃくめつ》を楽《たのし》となす」と。（四八ページ）

源信はこの詩を大乗の『大般涅槃経』から引用したのであるが、この原文は原始仏教聖典以来伝えられている有名な詩句である。

「つくられたものは実に無常であり、生じては滅びるきまりのものである。生じては滅びる。これら（つくられたもの）のやすらいが安楽である。(二)」

(一)　*Saddharmapuṇḍarīka-sūtra*〔以下略号 *Saddh. P.*〕ed. by U. Wogihara and K. Tsuchida, II, v. 136, pp. 56-57.

(二)　岩波文庫『ブッダ最後の旅』一六〇〜一六一ページ。*Saṃyutta-nikāya*, vol. I, pp. 158, 200.

無常という道理の要点は、次の詩句に表明されていると言う。

もし極略《ごくりやく》を楽《ねが》はば、金剛経に云ふが如し。「一切の有為の法は　夢・幻・泡・影の如し　露の如くまた電《いなずま》の如し　応にかくの如き観《かん》を作すべし」と。（四八ページ）

右のサンスクリット原文は、実例が少しく挙げられているが、趣旨においては変りは無い。

「現象界というものは、
星や、眼の翳《かげ》、燈し火や、
まぼろしや、露や、水泡《うたかた》や、
夢や、電光や、雲のよう、
そのようなものと、見るがよい。」（岩波文庫『般若心経・金剛般若経』一二五ページ）

小乗にも大乗にも通ずる教えとして、次のように言う。

法華に云ふが如し。「大慈悲を室となし、柔和《にゅうわ》・忍辱《にんにく》を衣とし　諸法の空を座となして　ここに処《お》りて為に法を説け」と。（五〇ページ）

そのサンスクリット原文は次のごとくである。

「わが臥すところ（layana）は慈しみの力（maitrībala）である。わが衣（cīvara）は忍ぶ心のおだやかさ（kṣānti-sauratya）である。わが座（āsana）は空（śūnyatā）である。ここにいて〔真理を〕説け。」（*Saddh. P.*, X, v. 24, p. 204）

インドの修行僧は、そのすべてではないが、かなり多くの人々は窟院に住み、その居室は銘文によると「臥すところ」（layana 俗語で lena, leṇa）と呼ばれていたことが、窟院の銘文によって確められる。かれらの所持品（八物）のうち主要なものは「衣」であった。このような修行僧たちの切実な生活に引き当てて、「慈悲」「忍ぶこと」「柔和」「空」という観念のほうがもっと大切であるといって、修行者の生活における精神を強調してこのように説いているのである。

天台宗の十界

以上、「厭離穢土《おんりえど》」として論じたところは、迷いの世界である。迷いの世界、領域としては、仏教一般に、地獄・餓鬼・畜生・阿修羅・人間・天上の六道を挙げるので、源信は、それに従っている。またこの六つは、源信の所属した天台宗で立てる「十界」の体系のうちの「六界」に相当するので、その宗派の教義にも従っているのである。ところが第二章の「欣《ごん》求《ぐ》浄土《じょうど》」以下では、無量寿仏の極楽浄土のみを説くから、天台の教学からは逸脱してしまったのである。

天台宗で立てる「十界」すなわち〈生きとし生けるものの十種のありかた、生存領域〉の教義によると、のこりの四つは、七、声聞《しょうもん》、八、縁覚《えんがく》、九、菩薩、十、仏である。「仏」は、仏教徒であるならば、皆承認するとしても、残りの三つは、日本人にとってははなはだなじみの悪いものである。

七、声聞（śrāvaka）　その原型であるsāvaka（パーリ語）とは、「教えを聞く人」の意味で、最古の仏典では出家者をも在家者をも意味したが、後世の仏典では、「経典の教えのとおりに修行実行する人」の意に解せられ、小乗仏教の忠実な修行者を意味するようになった。今日では、南アジアのビク（修行僧）たちは、この類型に属する。しかし、こういう修行者は、平安時代の日本にはいなかった（僅かに戒律をまもる律宗の僧侶がこれに近かったかもしれない）〔これに反して後代のジャイナ教ではsāvaka = sāvagaは在家の世俗の信者を意味していた〕。

八、縁覚（独覚ともいう。pratyekabuddha）　その原語は「各自にひとりでさとる人」という意味である。山村に独りでこもって静かに瞑想し、修行する人たちで、仏教でもジャイナ教でも、これを認めていた。しかし奈良平安時代の日本の仏教は、国家統制が強かったから、実際問題として「縁覚」（独覚）はいなかったのである。

九、菩薩（bodhisattva）　他人のためをめざして活動修行する求道者である。そのような求道者はみな「菩薩」と呼ばれてよいが、当時の日本では、仏となる前の求道者、または仏の分身がこのように呼ばれていたのであって、個々の修行者を「菩薩」と呼ぶことは稀であった。

七、八、九を合せて「三乗」という。この類型の区別は、『法華経』がつくられたころの西紀一、二世紀のインドや北パキスタンでは意味をもっていたが、平安時代の日本の社会では意味をもっていなかった。だから、源信がこれを無視したのは当然であろう。ただ現実社会から游離している教義学者たちだけが、三乗のことを論議していたのである。

かれはその代りに無量寿仏の信仰を教義学的に基礎づけた。そこで、かれの所論は、浄土の論議に移って行ったのである。

迷いの世界（特に地獄）と理想の世界（浄土、天国）を対比させる試みは、古来諸宗教を通じてなされたことである。[一]『往生要集』はダンテの『神曲』としばしば対比されるが、[二]これは普遍的な問題としてより広い立場から検討さるべきであろう。

（一）　中村『普遍思想』上（『世界思想史』第二巻、春秋社、昭和五十年）、三二九〜三五六ページ。
（二）　中村『中世思想』下（同、第五巻、春秋社、昭和五十一年）、四五二〜四五三ページ。

第二章　欣求《ごんぐ》浄土（浄土に生まれることを願い求めること）

浄土として、インドの仏教徒が想定していたものは多数あるが、源信が強調したのは、西方にある極楽浄土、すなわち無量寿仏が主であるところの浄土である。かれは、他の諸々《もろもろ》の浄土には見向きもしない。

極楽浄土は遠く離れたところにある。それは、西方十万億土のかなたにある楽土なのである。では、なぜそれを願い求めるのであるか？

浄土を願い求めることには、十種の楽《らく》があるという。

一　聖衆来迎の楽

極楽往生を願うと、仏や菩薩が迎えに来てくださるという楽しみがある。

第一に、聖衆来迎《しようじゆらいこう》の楽とは、およそ悪業の人の命尽《いのち》くる時は、風・火まづ去るが故に動熱にして苦多し。善行《ぜんぎよう》の人の命尽《いのち》くる時は、地・水まづ去るが故に緩縵《かんまん》にして苦なし。いかにいはんや念仏の功積《つも》り、運心年深《うんじんとし》き者は、命終の時に臨んで大いなる喜自《おのずか》ら生ず。しかる所以《ゆえん》は、弥陀《みだ》如来《にょらい》、本願《ほんがん》を以ての故に、もろもろの菩薩、百千の比丘衆とともに、大光明を放ち、皓然《ごうねん》として目前に在《ま》します。時に大悲《だいひ》観世音《かんぜおん》、百福荘厳《しょうごん》の手《みて》を申《の》べ、宝蓮《ほうれん》の台《うてな》を擎《ささ》げて行者の前に至りたまひ、大勢至《だいせいし》菩薩は無量の聖衆とともに、同時に讃嘆《さんだん》して手を授け、引接《いんじょう》したまふ。この時、行者、目《ま》のあたり自《みずか》らこれを見て心中に歓喜《かんぎ》し、身心安楽なること禅定《ぜんじょう》に入るが如し。当に知るべし、草菴《そうあん》に目を瞑《と》づる間《とき》は便《すなわ》ちこれ蓮台に跏《あなうら》を結ぶ程《とき》なり。即ち弥陀仏の後に従ひ、菩薩衆の中にありて、一念の頃《きょう》に、西方極楽世界に生るることを得るなり。（五三〜五四ページ）

二　蓮華初開の楽

極楽世界に生れると、蓮華の花が初めて開くという楽しみがある。

第二に、蓮華初開の楽とは、行者かの国に生れ已りて、蓮華初めて開く時、所有の歓楽、前に倍すること百千なり。猶し盲者の、始めて明かなる眼を得たるが如く、また辺《へん》鄙《ぴ》の、忽ち王宮に入れるが如し。自らその身を見れば、身既に紫磨《しま》金色《こんじき》の体《からだ》となり、また自然《じねん》の宝衣《ほうえ》ありて、鐶《みみわ》・釧《うでわ》・宝冠、荘厳すること無量なり。仏の光明を見て清浄の眼を得、前《さき》の宿習に因りてもろもろの法音〔説法の声〕を聞く。色に触れ声に触れて、奇妙ならざるものなし。虚空界を尽す荘厳は眼も雲路に迷ひ、妙法輪を転ずる音声《おんじょう》は聴く

蓮糸大曼荼羅（部分）　大和当麻寺

に宝刹に満つ。楼殿と林池とは表裏照り曜《かがや》き、鳧《かも》・雁《がん》・鴛鴦《おしどり》は遠近に群がり飛ぶ。或は衆生の、駛雨《しう》〔にわか雨〕の如く十方世界より生るるを見、或は聖衆《しょうじゅ》の、恒沙《ごうじゃ》の如く無数の仏土より来るを見る。或は楼台に登りて十方を望む者あり。或は宮殿に乗りて虚空に住する者あり。或は空中に住して、経を誦《ず》し法を説く者あり。或は空中に住して坐禅《ざぜん》入定《にゅうじょう》する者あり。地上・林間も亦またかくの如し。処々にまた、河を渉《わた》り流れに濯《すす》ぎ、楽《がく》を奏し花を散《さん》じ、楼殿に往来して、如来《にょらい》を礼讃《らいさん》する者あり。かくの如き無量の天人・聖衆は、心の随《まま》に遊戯《ゆげ》す。いはんや化仏《けぶつ》・菩薩の香雲・花雲、国界に充ち満つること、具《つぶ》さに名《い》ふべからず。また漸く眸《ひとみ》を廻《めぐ》らして遥《はる》かに以て瞻望《せんもう》するに、弥陀如来は金山《こんせん》王の如く宝蓮華の上に坐し、宝池の中央に処《おわ》しませり。観音・勢至は威儀《いぎ》尊重にして、また宝花に坐し、仏の左右に侍《はべ》りたまひ、無量の聖衆は恭敬《くぎょう》して囲繞《いにょう》せり。（五四～五五ページ）

三　身相神通の楽

極楽世界に生れると、種々の神通力を得るという楽しみがある。

第三に、身相神通《しんそうじんずう》の楽とは、かの土《ど》の衆生はその身真金色《しんこんじき》にして、内外《ないげ》倶《とも》に清浄なり。常に光明ありて彼此《ひし》互に照《てら》す。三十二相具足《ぐそく》して荘厳《しょうごん》し、端正《たんじょう》殊妙にして世間に比《くら》ぶるものなし。もろもろの声聞衆《しょうもんしゅ》は身の光一尋にして、菩薩の光明は百由旬を照す。或は十万由旬とも云ふ。第六天の主を以てかの土の衆生に比ぶるに、猶し乞丐《こつがい》の、帝王の辺《ほとり》にあるが如し。

またかのもろもろの衆生は、皆、五通《ごつう》を具し、妙用《みょうゆう》測り難く、心の随《まま》に自在《じざい》なり。もし十方界の色を見んと欲せば、歩を運ばずして即ち見《み》、十方界の声を聞かんと欲せば、座を起《た》たずして即ち聞く。無量の宿命《しゅくみょう》の事は今日聞くところの如く、六道の衆生の心は明かなる鏡に像を見るが如し。無央数《むおうしゅ》〔数かぎりのない〕の仏の刹《くに》に咫尺《ししゃく》〔わずかな距離〕の如く往来し、およそ横には百千万億那由他の国に於ても、竪《たて》には百千万億那由他の劫に於ても、一念の中にして自在無碍《むげ》なり。（五六ページ）

四　五妙境界の楽

極楽世界には、すべての感覚の対象がすばらしいという楽しみがある。

第四に、五妙境界《ごみょうきょうがい》の楽とは、四十八願もて浄土を荘厳したまへば、一切の万物、美を窮《きわ》め妙を極めたり。見る所、悉くこれ浄妙の色にして、聞く所、解脱の声ならざることなし。香・味・触の境も亦またかくの如し。（五七ページ）

極楽がいかに美しく麗しいところであるかということを、源信は詳細に述べている。

五　快楽無退の楽

極楽世界には、楽しさがなくなることがないという楽しみがある。この世では、楽しさが永くつづいていると楽しさではなくなってしまう。ところが極楽では、そのことが無いのである。

第五に、快楽《けらく》無退の楽とは、今この娑婆《しゃば》世界は耽《ふけ》り玩《もてあそ》ぶべきものなし。輪王《りんのう》の位も七宝久しからず。天上の楽も五衰早く来り、乃至、有頂《うちょう》も輪廻に期《かぎり》なし。いはんや余の世の人をや。事と願と違《たが》ひ、楽と苦と倶《とも》なり。富める者、いまだ必ずしも寿《いのちなが》からず、寿き者、いまだ必ずしも富まず。或は昨《きのう》富みて、今《きょう》貧しく、或は朝《あした》に生れて、暮《ゆうべ》に死す。

（六二ページ）

ところが極楽国土は異なる。

かの西方世界は、楽を受くること窮《きわま》りなく、人天交接《にんでんきょうしょう》して、両《とも》に相見ることを得。慈悲、心に薫じて、互に一子の如し。共に瑠璃地の上を経行し、同じく栴檀《せんだん》の林の間に遊《ゆ》戯《げ》して、宮殿より宮殿に至り、林池《りんち》より林池に至る。もし寂《しずか》ならんと欲する時は、風・浪・絃・管、自《おのずか》ら耳下《みみもと》を隔《へだ》たり、もし見んと欲する時は、山川渓谷、なほ眼前に現る。香・味・触《そく》・法《ほう》も、念《おもい》の随《まま》にまた然《しか》り。

或は飛梯《ひたい》を渡りて伎楽を作し、或は虚空に騰《のぼ》りて神通を現す。或は他方の大士《たいし》に従ひて迎送し、或は天人・聖衆に伴《ともな》ひて以て遊覧す。（六二〜六三ページ）

六　引接結縁の楽

極楽には、縁のある人々を自分と同じように、この世界に連れて来られるという楽しみがある。

第六に、引接結縁《いんじようけちえん》の楽とは、人の世にあるとき、求むる所、意の如くならず。樹は静かならんと欲するも、風停《や》まず。子は養はんと欲するも、親待たず。志《こころざし》、肝胆を舂《つ》くといへども、力水菽《すいしゆく》〔水を飲み豆の粥をすること〕に堪へず。君臣・師弟・妻子・朋友、一切の恩所《おんじよ》、一切の知識、皆またかくの如し。空しく痴愛の心を労して、いよいよ輪廻の業《ごう》を増す。いはんやまた業果《ごうか》推し遷《うつ》りて、生処相隔《しようしよ》つときは、六趣・四生《ししよう》、いづれの処なるを知らず。野の獣、山の禽、誰か旧《もと》の親を弁《わきま》へん。（六四ページ）

野の獣、山の鳥さえも仏の教えを聞くようになるのである。

いかなるものでも、縁を結ばれるに至るということを言おうとして、次の文を引用している。

また華厳経の普賢の願に云く、「願はくは、我命《いのち》終らんと欲する時に臨んで　尽《ことごと》く一切のもろもろの障碍を除いて　面《まのあた》りかの仏、阿弥陀を見たてまつり　即ち安楽の刹に往生することを得ん　我既にかの国に往生し已れば　現前にこの大願を成就し　一切円満して尽く余すことなく　一切衆生界を利楽《りぎよう》せん」と。（六五ページ）

これを、『華厳経』の最後に出て来る「普賢行願讃」のサンスクリット原文と比べてみることにしよう。それは普賢菩薩の誓願を述べている一連の詩句である。

サンスクリット原文（一）には六十二の詩句があるが、そのうち第一～第四八詩句は、普賢があらゆる仏を讃嘆し、人々に奉仕することを誓っているが、第四九～第六二詩句にはアミターバ（無量光）仏の讃嘆のことばが出て来る。この両部分はどうも趣旨が矛盾しているように思われる。

すなわち、

「十方の世界に、（過去現在未来の）三世のすべてのうちにある〈獅子のような人々〉（諸々のブッダ）がどれだけましますとも、わたくしは、身体でもことばでも心でも清らかに澄んで、かれらすべてに敬礼いたします。」（第一詩）

「国土をつくりなす無数に多くの微塵ほどもある無数に多くの身体を現わして、わたしはすべての勝者（ブッダ）を礼拝いたします。――心ですべての勝者（ブッダ）に目《ま》のあたりお目にかかって、みごとな行ない（bhadracarī＝普賢行）をなしとげたいという誓願の力をこめて。」（第二詩）

「一つの微塵の尖端に、微塵の数ほどの（無数に多くの）仏たちが、仏の子らの真《ま》ん中に坐っておられる。このように勝者らの充ち満ちておられる全宇宙（dharmatādhātu）を、あますところ無く、有り難くいただきます。」（第三詩）

ところが終りの部分になるとアミターバ仏に対する信仰が説かれている。

「このみごとな行いをしようという誓願を立てている人は、速かに、かのアミターバを見るであろう。」（第四九詩）

「わたしが死ぬときには[二]（臨終には）あらゆる障害を除去したい。かのアミターバを目《ま》のあたりに見て、極楽国土（Sukhāvatī-kṣetra）におもむきたい。」（第五七詩）

「そこ（極楽）では、光り輝き美しく蓮華のうちに生れ、仏の国のうちにあり、そこで、アミターバ仏の面前で、わたしは〈仏になるという予言〉を受けたい。」（第五九詩）

「わたしが、みごとな行ないの功徳を他人にふり向けて（廻向《えこう》して）得たところの、いとも勝《すぐ》れた限りの無き福徳、――それによって、世間の人々は、災難、禍の激流のうちに沈没していても、アミターバのみごとな都城に行けよかし。」（第六二詩）

（一） *The Gaṇḍavyūha Sūtra*, critically edited by Daisetz Teitaro Suzuki and Hokei Idzumi (Kyoto : Sanskrit Buddhist Texts Publishing Society, 1936), pp. 543-548.

（二） Kālakṛyāṃ……karamāṇo.　一般にkālaṃ karotiとは「死ぬ」を意味する熟語であり、それを含意しているのである。

ここでは、一切の仏たちをたたえ、人々に奉仕するというのが「普賢行願讃」の原形であり、アミターバ仏を讃える詩句は、のちに加わったものであると考えられる。

〔一〕その証拠には、『華厳経』の古訳である六十巻本（晋訳）（『大正新脩大蔵経』九巻七八六ページ以下）では、かすかにアミターバに言及しているが、多数の諸仏・諸菩薩のうちの一人として言及しているだけで、特にアミターバをたたえる文句が見当らない。次の諸々《もろもろ》の偈は、十方における報身の仏のすぐれた徳をほめたたえているのである、と古来解されている。

「諸仏の微妙《みみよう》なる智は、清浄なること虚空《こくう》の如く、明《あきら》かに一切の行《ぎよう》を了《さと》りて、其の心に所《しよ》著《じやく》無し、

一念《ねん》に悉《ことごと》く、三世《ぜ》の一切法《さいほう》を了達し、善く衆生の根を知りて、其の応《まさ》に化《け》すべき所に随《したが》ふ、

衆生心の煩悩《ぼんのう》と、諸業《しよごう》の善・不善と、楽《ねが》ふ所とを皆悉《ことごと》く知りて、為めに正法《しようぼう》を説く。

或は如来の坐したまふを見るに、十方界に充満すれども、衆生は罪に障《さ》へられ、近しと雖《いえど》も而《しか》も見たてまつらず、

或は初め発心《ほっしん》してより、諸々《もろもろ》の放逸《ほういつ》を遠離《おんり》し、無量無数劫《むりようむしゆこう》に、菩薩の行を修習《しゆじゆう》することを見るも、

或は諸々の最勝《さいしよう》の、妙音《みようおん》をもつて法を演説したまふを聞くも、罪垢《ざいく》の衆生等は、仏の名号をも聞きたてまつらず、

或は大菩薩は、三千界に充満して、普賢《ふげん》の行を究竟《くぎよう》し、如来為めに法を説きたまふを見る。

或は盧《る》舎那《しやな》の、無量無数劫に、此の世界を厳浄《ごんじよう》して、最正覚《さいしようがく》を成《じよう》ずることを得たまふを見、

或は賢首仏《げんじゅぶつ》、普賢大菩薩《ふげんだいぼさつ》、斯等《これら》は悉《ことごと》く、蓮華妙徳《れんげみょうとく》の刹《くに》に充満したまふを見、
或は阿弥陀《あみだ》、観世音菩薩《かんぜおんぼさつ》、灌頂《かんじょう》し記《き》を受《う》けたる者の、諸々《もろもろ》の法界《ほっかい》に充満したまふを見、
或は阿閦仏《あしゅくぶつ》、香象大菩薩《こうぞうだいぼさつ》、斯等は悉く、妙楽浄厳《みょうらくじょうごん》の刹《くに》に充満したまふを見、
或は月慧仏《がつえぶつ》、金幢大菩薩《こんどうだいぼさつ》、斯等は悉く、明浄鏡《みょうじょうきょう》の妙刹《みょうせつ》に充満したまふを見、
或は日蔵仏《にちぞうぶつ》、智灌大菩薩《ちかんだいぼさつ》、斯等は悉く、清浄光明《しょうじょうこうみょう》の刹に充満したまふを見、
或は十方界《じっぽうかい》の、諸仏光明を放ちて、衆《しゅ》の為めに法輪を転じ、愚痴《ぐち》の闇《やみ》を除滅《じょめつ》したまふを見《み》る。
或は一毛孔《もうく》の、不可説《ふかせつ》の仏刹《ぶっせつ》に、諸仏の荘厳身《しょうごんしん》は、仏子《ぶっし》の衆《しゅ》に囲繞《いにょう》せられ、為めに正法《しょうほう》輪《りん》を転じ、諸々の群生《ぐんじょう》を度脱《どだつ》したまふを見、
或は一毛孔に於《お》いて、普《あまね》く諸々の仏子《ぶっし》の、無数億劫の中《うち》に、菩薩の行を修習《しゅじゅう》するを見、
或は一一の塵《じん》に於て、悉く無量の刹を見る、或は浄あり或は垢穢《くえ》あり、諸々の行業《ぎょうごう》の起す所なり、
或は盧舎那、彼《かしこ》に於て法輪を転じ、自在力《じざいりき》を顕現して、方便《ほうべん》をもつて涅槃《ねはん》に入《い》りたまふを見《み》る、
衆生の類《るい》の、一切の業《ごう》煩悩を観察《かんざつ》し、自在力を顕現して、之《これ》を化《け》して度脱《どだつ》せしめたまふ。
是《かく》の如《ごと》きの諸々の法王は、十方世界の中《うち》に、自在力《りき》を顕現したまふ。我今少分を説かん。」(『大方広仏華厳経』巻第六十、『大正新脩大蔵経』九巻七八六ページ上〜下)

次に釈迦文（シャーキヤムニ）をたたえているが、その中では、無量寿仏にかすかに言及しているだけである。

「或は兜率《とそつ》より、命終《みようじゆう》し降神《ごうじん》して生れたまふを見、或は宮殿《ぐうでん》に住し、欲を捨てて出家したまふを見《み》、

或は道場に坐し、魔を降して正覚《しようがく》を成《じよう》じ、浄妙の法輪を転じ、涅槃《ねはん》したまひて後に塔を起つることを見る。

或は無量寿《むりようじゆ》の、最勝なる天人尊《てんにんそん》、為《た》めに灌頂《かんじよう》の記《き》を授けたまひ、無上の導師と成りたまふを見、

或は十力《りき》の尊《そん》、教化《きようけ》し已《おわ》り周《あまね》く訖《おわ》りて、般涅槃《はつねはん》したまひしより已来《このかた》、無量無数劫《むりようむしゆこう》なるを見《み》る。」（同上、七八六ページ下）

釈尊に言及している一節に無量寿仏が突然出ているのは奇異であるが、当時アミターバ信仰が漸く盛んに起りつつあったので、それがここにすがたを現わしたのではないか、と考えられる。

ところで六十巻本のこれらの文句は、サンスクリット原文には見当らず、他の諸漢訳にも見当らないから、これは後で付加されたものであると考えられる。

〔二〕「普賢行願讃」に対応する散文の部分では、普賢の行願を十種にまとめている。

「もしこの功徳門を成就せんと欲せば、応《まさ》に十種の広大の行願を修すべし。何等をか十と

なす。一には諸仏を礼敬す。二には如来を称讃す。三には広く供養を修す。四には業障《ごっしょう》を懺悔す。五には功徳を随喜す。六には法輪を転ぜんことを請ふ。七には仏の、世に住せんことを請ふ。八には常に仏に随ひて学ぶ。九には恒に衆生に順ふ。十には普く皆廻向す」（『大正新脩大蔵経』一〇巻八四四ページ中）

この一節に言及されている「仏」とは、一切の諸仏を意味し、アミターバのことを意味するのでないことは明らかである。故に「アミターバ云々」というのは、つけ足しにすぎない。以上の二つの理由によって、アミターバ信仰は「普賢行願讃」にとっては、単なる付加にすぎないことが解った。

この接続がなされ得たのは、第四八詩に「信受」（adhimukti）が説かれているから、これが接着剤の役目をはたしたのである。

ところが源信は、本体のほうを切り捨てて、付加された、後代のもののほうだけを強調しているのである。

以上を整理すると、次のようにまとめられるであろう。

第一段階――一切の諸仏をたたえ、奉仕したいという求道者・普賢の誓願を述べた詩句が成立した。

第二Aの段階――右の詩句に対して、諸仏を列挙することを行ない、その中にたまたまアミターバ仏の名を挙げることが行われた。（六十巻本、晋訳）

第二Bの段階――これに対して諸仏・諸菩薩を一々列挙することをしないで、アミターバ仏の信仰を特に説くようになった（二）。

第三段階――諸仏に対する信仰をすて去って、アミターバ仏のみを表に出す。これが、源信の行なった仕事なのである。

（二）八十巻本、唐訳、『大正新脩大蔵経』一〇巻八四七ページ以下。『普賢菩薩行願讃』同上、八八〇ページ以下。

七　聖衆倶会《くえ》の楽

極楽世界では、常に仏や菩薩というような聖者たちと一緒にいることができるという楽しみがある。

念仏往生を勧めて言う、

経〔阿弥陀経〕に云ふが如し。「衆生、聞かん者は、応当《まさ》に願を発《おこ》して、かの国に生れんと願ふべし。所以《ゆえん》はいかん。かくの如きもろもろの上善の人と、倶《とも》に一処に会《え》することを得ればなり。」と。（六五ページ）

それのサンスクリット原文には、次のように言う、

「またシャーリプトラよ、生ける者どもは、かの仏国土に（生まれたいという）願いをお

こすべきである。それは何故かというと、かの（世界）で、実に、このような善き人たちとともに会うことになるからである。」（岩波文庫『浄土三部経』下、八二ページ）

もろもろの菩薩の徳行をたたえて言う、

また云く、「我《われ》常にもろもろの衆生に随順して　未来一切の劫を尽すまで　恒《つね》に普賢の広大の行を修し　無上の大菩提を円満せん」（六六ページ）

この文句は『華厳経』の四十巻本巻四（『大正新脩大蔵経』一〇巻八四七ページ中）の引用である。サンスクリット原文には、

「わたしは、衆生の行ないに従いながら、〈さとりの行ない〉(bodhicari) を完成しつつ〈みごとな行ない〉(bhadracari) を顕揚して、未来の一切の劫にわたって（それを）実践したい。」(*Samantabhadra-caryāpraṇidhāna*, v. 22, p. 544)

〈さとりの行ない〉というものは、特殊な実践ではない。人々あるいは衆生の生活行動はいろいろである。それに従いながら (anuvartayamānaḥ)、すなわち漢訳によると「随順しながら」未来永久にさとりの行ないを実践するのである。

われわれは、ここに二つの特徴を認めることができる。

〔一〕人間には種々の生活法のあることを、求道者・普賢は認めている。

〔二〕求道者は未来永久に奉仕の行を実践して、ニルヴァーナに入ることを望まない。

ただし源信は、この第二の特徴はあまり強調しなかった。

右のつづきの引用は次のようになっている。

「普賢の身相は虚空の如し　真に依りて住すれば国土にあらず　もろもろの衆生の心の欲する所に随ひて　普《あまね》き身を示現《じげん》して一切に等しくす」「一切の刹《くに》の中の諸仏の所《みもと》に種々の三昧もて神通を現し　一々の神通は悉く　十方の国土に周遍して遺《のこ》す者なし　一切の刹の如来の所の如く　かの刹の塵の中にも悉くまた然り。」と。（六六ページ）

この文句は『華厳経』八十巻本巻七（『大正新脩大蔵経』一〇巻三三ページ下〜三四ページ上）の文章である。サンスクリット原文は残っていないので不明であるが、「普き身を示現して一切に等しくす」というのは、やはり他の人々に順応する柔軟性をもつことを理想としていたのだ、と言えるであろう。

「無量千万劫に　修する所の願と智と行とは　広大にして量《はか》るべからず　称揚すとも能く尽すことなけん。」（六七ページ）

これは弥勒菩薩をたたえて述べている文句であるらしい。『華厳経』（唐訳）の文句であるが、異訳のうちには見当らない。

また観世音菩薩の修行（caryā）をたたえて言う、

「弘誓《ぐぜい》の深きこと海の如し　劫を歴《ふ》とも思議せられず　多千億の仏に侍《つか》へて　大清浄の願を発《おこ》す」「神通力を具足し　広く智の方便を修し　十方のもろもろの国土に　刹《くに》としで身を現ぜざることなし」「念々《ねんねん》に疑を生ずることなかれ　観世音なる浄聖《じょうしょう》は　苦悩死

厄に於て　能く為に依怙《えこ》となる一切の功徳を具し　慈眼《じげん》もて衆生を視る　福聚の海《うみ》無量なり。この故に頂礼《ちょうらい》すべし」と。（六八ページ）

この引用文は『妙法蓮華経』巻七、観世音菩薩普門品（『大正新脩大蔵経』九巻五七ページ下・五八ページ上・五八ページ上〜中）すなわち「観音経」の文章である。これに相当するサンスクリット原文は、次のごとくである。

「幾百千億劫という考えられぬほど長いあいだに、幾千億という多くの仏のもとで、どのようにしてかれ（観音）の誓願が清められたかということを、わが説き示すところにしたがって聴け。」(*Saddh. P.*, XXIV, v. 3, p. 367)

「かれは、神通力の完成に達し（ṛddhi-bala-pāramiṃ gato）、広大なる智慧の方便に熟達し、十方のあらゆる世界に〔すがたを現わし〕、あらゆる国土において、残すところ無く見られる。」(ibid., v. 18, p. 370)

「汝らは、清らかなかた（二）である観世音を念ぜよ、念ぜよ。ゆめ疑うてはならぬ。死ぬときにも、災難のときでも、危害を受けるときでも、〔観世音は〕救済者となり、たよりとなり、究極のよりどころとなる。(ibid., v. 25, p. 372)

かれは、すべての美徳を完成し、一切の衆生に対して慈しみ、あわれみの眼をもって視て、美徳そのものであり、福徳（guṇa）の大海である。(ibid., v. 26, p. 372)
この方《かた》は世の人々を憐む者である。かれは未来には仏となるであろう。あらゆる苦しみ

と恐怖と憂いを滅す者である観世音に、わたしは敬礼する。」(ibid., v. 27, p. 372)

この引用文は、大体原文と合致していると言えるであろう。

(一) śuddhasattva. 本性の浄らかなもの。こういう表現は『ウパニシャッド』から始まって、サンスクリット仏典のうちに散見する。

観音と同様に勢至菩薩を観ずべきことも説いている。

智慧の光を以て、普く一切を照して三途を離れしむるに、無上の力を得たり。故にこの菩薩を大勢至と名づく。この菩薩を観ずる者は、無数劫阿僧祇《あそうぎ》〔数えられない〕の生死の罪を除き、胞胎《ほうたい》〔母の胎内〕に処せずして、常に諸仏の浄妙の国土に遊ぶ。(六九ページ)

源信は、ここでは勢至菩薩に簡単に言及しているだけで、その威光・威力のすばらしさに関心がなかった。ところが『観無量寿経』では勢至菩薩のことも非常に詳しく述べている。いまその漢訳文を邦訳で紹介する。

先ず、勢至 (Mahāsthāmaprāpta) が、とほうもなく、大きなものであるということを述べる。

「次にまた、マハースターマプラープタぼさつを観想しなければならない。このぼさつの体の大きさは、アヴァローキテーシヴァラぼさつと同様である。円光は縦横各々百二十五ヨージャナであり、二百五十ヨージャナを照らしている。」(『浄土三部経』下、二五ページ

ジ以下）

この巨大なすがたを、源信は省略し、ただ「智慧の光を以て、普く一切を照して三途を離れしむるに、無上の力を得たり。故にこの菩薩を大勢至と名づく」というのみである。

ついで経典は、この菩薩のすばらしい威光・威力を讃嘆する。

「このぼさつの天冠に五百の宝石の花があり、一々の宝石の花に五百の宝石の台があり、一々の台の中に、十方の仏たちの清らかな美しい仏国土の、はるかなひろがりを持った姿がことごとく現われている。頭の頂部の盛り上がりは、紅の蓮花のようであり、その上に宝石の瓶があってさまざまな光に満ち、あまねく仏のなしたもう救済の事業をあらわしている。その他のさまざまな体の様相は、アヴァローキテーシヴァラと同様であって少しも異なるところはない。このぼさつが歩いて行くと、十方の世界がことごとく震動する。大地の震動するところに五百億の宝石の花があり、一々の宝石の花は荘厳でありきらびやかであることは、〈幸あるところ〉という世界のようである。このぼさつが坐るとき、七種の宝石でできた仏国土は、下方にある金光仏の仏国土から、上方にある光明王仏《こうみょうおうぶつ》の仏国土に至るまで一時に動揺する。その中間に、無量の塵の数の（ように無限な）分身のアミタ仏、分身のアヴァローキテーシヴァラ、分身のマハースターマプラープタが雲のように〈幸あるところ〉という世界に集まり、空中一杯になって蓮花の台座に坐り、すぐれた教法を説いて、苦悩する生ける者どもを救われる。このような観想を行なうのを正しい観想と名づけ、それ以外の観想を行なうのを間違った観想と名づけるのだ。(このように)マハースターマプラープタを観想するのが、〈マハースターマプラープタの形や体を観る観想〉であり、〈第十一の冥想〉と名づけるのだ。」(同、下、二五〜二六ページ)

ところが源信は右の一節を、すっかり省略しているのである。勢至菩薩の威光・威力のすばらしさということに、源信は大して関心が無かったのである。

ただかれは、最後に「生死の罪を除く」ということだけを挙げているが、これは経典の次の文にほぼ一致する。

「このぼさつを観想する者は、無量無数の劫の間、かれを生と死に結びつける罪から免れるであろう。このような観想を行なう者は、地獄・餓鬼・畜生の世界に居らず、常に仏たちの清らかな美しい仏国土に遊ぶであろう。このような観想ができるようになったとき、悲と智とをそなえてアヴァローキテーシヴァラとマハースターマプラープタを観想したと言えるのだ。」(同、二六ページ)

『観無量寿経』をつくった人々(シナ人か、あるいは中央アジアの人々)、さらに敦煌《とんこう》の壁画に見られるように、この経典に沈潜し、恍惚たる法悦を味わっていた人々にとっては、勢至菩薩も重要な存在であった。ところが源信にとっては、ただ経典に述べられているから、自分も言及したというにすぎない。いわば、おざなり、である。

ここにわれわれは、浄土教が源信において「専念弥陀」への道をたどり、顕著に日本的となって行く過程を認めることができる。これがもう一歩進むと、やがて「唯称弥陀《ゆいしょうみだ》」となるのである。

八 見仏聞法《けんぶつもんぼう》の楽

極楽世界では、仏に会って教えを聞くことができるという楽しみがある。世も末世になると、仏の教えを聞くということが困難になるということを強調して、源信は、次の経文を引用する。

故に法華に云く、「このもろもろの罪の衆生《しゅじょう》は　悪業の因縁を以て　阿僧祇《あそうぎ》〔数えられない〕劫を過せども　三宝の名をも聞かず」と。（七一ページ）

この引用は『妙法蓮華経』巻五、寿量品（『大正新脩大蔵経』九巻四三ページ下）の文である。これに相当するサンスクリット原文は、次のごとくである。

「かれらは、幾億という多くの劫のあいだ、わたし（釈尊）の名を聞くことも無かったし、諸々《もろもろ》の如来の名を聞くことも無かった。わたしの教え（dharma）のことを聞くことも無かったし、わたしのつどい（saṅgha）のことを聞くことも無かった。

かれらの悪業の報い（pāpasya karmasya phala）は、このようなものであった。」

(*Saddh. P.*, XV, v. 15, p. 277)

この世では罪業を犯した人々は、教えを聞くことができないということを述べたあとで、極楽国土では仏の教えを聞くことができるという楽しみを説いていう。

　しかるに、かの国の衆生は常に弥陀仏を見たてまつり、恒に深妙《じんみょう》の法を聞く。謂《いわ》く、厳《ごん》浄《じょう》の地の上には菩提樹《ぼだいじゅ》ありて、枝葉四《よも》に布《し》き、衆宝《しゅほう》もて合成《ごうじょう》せり。樹の上には宝の羅網を覆ひ、条《えだ》の間には珠《たま》の瓔珞《ようらく》を垂れたり。（七一～七二ページ）

これに対して『大無量寿経』サンスクリット原文の対応部分を訳出してみよう。

「実に、また、アーナンダよ、かの尊敬さるべき人・正しく目ざめた人・無量寿如来の菩提樹がある。高さは千六百ヨージャナ、大枝や葉や花弁があって垂れること八百ヨージャナ、根の高さと太さとは五百ヨージャナである。常に葉があり、常に花があり、常に果実があり、さまざまな色があり、数百千の色があり、さまざまな葉があり、さまざまな花があり、さまざまな果実があり、さまざまな美しい装飾にて飾られ、月のごとくに現われ照らす珠宝で明らかに輝き、シャクラ・アビラグナ珠宝で飾られ、如意宝珠をまき散らし、海の美しい珠宝によって華麗に飾られ、天を超え、黄金の糸を垂らし、数百の黄金の飾紐や、宝石の飾紐や、胸の飾紐や、環の飾紐や、赤真珠の飾紐や、青真珠の飾紐や、獅子の口から垂れる帯の集まりや、宝石の糸や、一切の宝石でできたものによって飾られ、黄金の網や、真珠の網や、一切の宝石の網や、鈴のついた網にて覆い、マカラや、スワスティカ（卍）や、ナンディヤーヴァルタ、および、半月（などの記号）を以て飾られ、鈴珠網や、黄金や、また一切の宝石の装飾で飾られ、生ける者どもの心の傾きが想定し要求する通りに飾られているのだ。」（岩波文庫『浄土三部経』上、七二ページ）

インド人のこの複雑な、とほうもない空想的な想像は、源信によっては伝えられていない。

菩提樹といえば、ブッダガヤーに残っているような自然の巨木を、日本人は尊び愛好する。それが『大無量寿経』原文に出ているように宝石ばかりで飾られていたら、その姿に、日本人はうんざりしてしまうであろう。しかし平和な島国に生活して来た日本人の思惟を以て、インド人を嗤笑《ししよう》してはならない。

インド大陸は、古来王朝など政治的権力の不安定な国土であった。シナに比べても、はるかに不安定で脆弱であった。そういうところで、民衆のたよれるものは、宝石と金銀だけである。これは今日的な問題でもある。インド人は、国家や銀行にたよろうとしない傾向がある。だから民衆に至るまで宝石と金銀をせっせと買い込む。

信頼関係にたよって生きて来た日本人には、この気持が解らない。財政の最高指導者たちでさえも、アメリカとの信頼関係だけにたよって、金塊を買わないで、せっせとドルを蓄積する。――それがいつ何時ただの紙屑になってしまう危険が無いという保証はどこにも無いのに！

南アジア第一の富豪であった華商・胡文虎の邸には、宝石だけでつくられた盆栽がある。

日本人なら、これを見て、嫌らしい！　と感ずるであろう。しかしこれは、極楽浄土の菩提樹を宝石ずくめと考えるのと同じ思惟の発散である。

インド人ないし南アジア人にとっては、宝石にたよるのも、アミターバ仏にたよるのも、根は同じである。危険と不安にみちた世の中で、たよりになるものが欲しいのである。

しかし、源信は日本人の修行者、学僧であった。こんな貪欲な宝石願望を浄土と結びつけるのは、「汚らわしい」とでも思ったのであろう。かれは、くどくどしい宝石願望を、極楽浄土から削除してしまった。

原文と対比して解る第二の点は、原文にはヒンドゥー教的特徴が顕著であるのに、漢訳では一掃されているということである。

菩提樹を飾っているマカラ（makara）は、ヒンドゥー教では、巨大な体をもつ伝説的な魚である。この魚の形像は、装飾として、しばしば門や頭飾などの上に記されている。

スワスティカ（svastika）は、幸運・吉祥をあらわす記号で、卍（まんじ）という。モエンジョ・ダーロやハラッパーなど、インダス文明以来用いられ、現代インドでも住宅などにも用いられている。

ナンディヤーヴァルタ（Nandy-āvarta）とは、「喜ばしき幸運の渦巻型」の意で、インド一般に幸運を象徴する記号の一つである。

「半月」というのは、シヴァ神は半月を頭上にいただくと考えられているので、ここに言及しているのである。

これらは、唐訳・宋訳には若干訳出されているが、魏訳には訳出されていない。だから源信が無視したのは、当然である。

ところが、極楽浄土における菩提樹を自然の樹木のようにえがいている一節は、源信も、ほぼそのまま伝えている。

風、枝葉を動かさば、声、妙法を演《の》べ、その声流布《るふ》して諸仏の国に徧《へん》ず。その聞くことあらん者は深法忍《じんぽうにん》〔真実の理法にかなって深い安らぎに住すること〕を得《え》、不退転《ふたいてん》に住し、耳根清徹《にこんしょうてつ》なり。樹の色を覩《み》、樹の香を聞《か》ぎ、樹の味を嘗《な》め、樹の光に触れ、樹の相を縁ずるも、一切また然り。仏道《ぶつどう》を成ずるに至るまで六根《ろっこん》清徹なり。（七二ページ）

サンスクリット原文には、

「実に、また、アーナンダよ、かの菩提樹が風に吹き動かされるとき、流れ出る音声は無量の世界に達する。アーナンダよ、かしこにおける菩提樹（の音声）が耳に達した生ける者どもは、覚りを完成するまでの間、耳の病気を患うことは思いもよらない。かの菩提樹が眼に達したところの無量・無数・不可思議・無比・無限・不可量・不可説な生ける者どもは、覚りを完成するまでの間、眼の病気を患うことは思いもよらない。また、実に、アーナンダよ、かの菩提樹の香りを嗅いだ生ける者どもは、覚りを完成するまでの間、鼻の病気を患うことは思いもよらない。かの菩提樹の果実を味わった生ける者どもは、覚りを完成するまでの間、舌の病気を患うことは、思いもよらない。かの菩提樹の光に照らされた生ける者どもは、覚りを完成するまでの間、体の病気を患うことは思いもよらない。」
（『浄土三部経』上、七二〜七三ページ）

となっている。

自然のままの樹木を眺めて、その霊気に打たれるということは、古来インドで行われていたことであるが、また日本人の心境にも訴えるものがある。だから源信も、これを省略しなかったのであろう。

つづいて源信は、極楽浄土の状景を述べているが、これは、経典の中の諸説をまとめたもののようである。

さらに源信は、宇宙のあらゆる方角から求道者たちが集まって来るということを述べる。

また観音・勢至の両菩薩は、常に仏の左右の辺にありて、坐り侍りて政論す〔政は正、よしあしを明らかにする〕」。仏は常にこの両菩薩と共に対坐して、八方・上下、去来・現在の事を議したまふ。或る時は、東方恒沙の仏国の無量無数のもろもろの菩薩衆、皆悉く無量寿仏の所《みもと》に往詣《おうげい》して、供敬《くぎょう》し供養《くよう》して、もろもろの菩薩・声聞の衆に及ぼす。南・西・北方・四維《しゆい》・上下も亦またかくの如し。かの厳浄の土《ど》の、微妙にして思議し難きを見て、因りて無量の心を発《おこ》し、「わが国もまた然らん」と願ふ。（七二〜七三ページ）

これに対応する所説は、サンスクリット原文では、特に詩句のかたちで述べられている。

「東方に無辺の仏国土あって、
ガンジス河の砂の数にひとしく、
そこからかれら求道者たちは、
(人類の) 教師・無量寿を礼拝するためにやってきた。
さまざまな色あって、香り高く、うるわしい
あまたの花束を手にとって、
人間と天人とに供養せられる無量寿、
人類の最上の教師に雨ふらす。
このように南と西と北の (方)、
十方に仏の国土あって、
そこここよりありとあらゆる求道者たちは、
(人類の) 教師・無量寿・目ざめた人を敬礼するためにやって来た。
さまざまの好《よ》き色あって、香り高く、うるわしい、
あまたの香の束を手にとって、
人間と天人とに供養せられる無量寿、
人類の最上の教師に雨ふらす。

供養しおわって、これらの求道者たちは、
無量光の両足を礼拝し、
右まわりにまわり、讃歎して言う――
「ああ、（この）仏国土は希有《けう》に輝く、」と。
かれらは比べるもののない歓喜に満ち、心が喜びに躍り上がって、
ふたたび花束を雨ふらし、
（人類の）教師の前に、願いを述べて言う――
「願わくは、われらの国土もこのようであれ。」と。」（『浄土三部経』上、六六～六七ページ）

源信の記述とサンスクリット原文は必ずしも一致しないが、源信の準拠した『大無量寿経』『平等覚経』などのサンスクリット原文が、現在知られているネパールなどに伝わったサンスクリット本と必ずしも内容が一致していなかったであろうから、両者のあいだに相違の存在することは当然である。しかし趣意においては大して異なってはいないと思う。

ところが源信は、この一節から重大な結論を導き出している。

いはんやまた、水鳥・樹林、皆妙法を演《の》べ、およそ聞かんと欲する所は、自然《じねん》に聞くことを得。かくの如き法楽《ほうらく》、またいづれの処にかあらんや。（七三ページ）

もとの経典では、極楽国土においては、清らかな水流、美しい鳥、みごとな樹木は、快く

感ぜられ、説法を聞き理解するための間接的な助けとなるということが説かれているのであるが、源信によると、「水・鳥・樹林がみな妙法を演べている」というのである。文句は短いが重要な一言である。

源信はここで日本天台の「草木国土悉皆成仏」という思想と相通ずる思想をもっていると考えられる。精神をもっている生きものだけがさとりに達する（＝成仏する）ということは、インド以来一般に承認されていたが、日本天台では精神的思考力の無い草木や国土までも仏と成り得るということを主張するようになった。

これは或る意味で人類に普遍的な問題である。西洋でも、人間ばかりでなく、自然万物は救済され得るかどうかということが問題とされた[一]。西洋の神学では、これを宇宙的救済(cosmic salvation, kosmische Erlösung) と呼んでいる。

ところが源信は、さらに一歩を進めている。極楽浄土では水・鳥・樹林が妙法を説いているのである。自然万物が、〈救われる主体〉であるばかりでなく〈救う主体〉であるという思想が、はたして他の文化的伝統において存在するかどうか。一つの大きな問題を提供する。

（一）中村『中世思想』下（『世界思想史』第五巻、春秋社、昭和五十一年）、四六四〜四六六ページ。

九　随心供《く》仏《ぶつ》の楽

極楽世界では、思いのままに仏に供養できるという楽しみがある。

第九に、随心供仏の楽とは、かの土の衆生は、昼夜六時に、常に種々の天華《てんげ》を持ちて、無量寿仏を供養したてまつる。また意《こころ》に他方の諸仏を供養せんと欲することあれば、即ち前《すす》んで長跪《ちょうき》し、叉手《さしゅ》して仏に白《もう》せば、則ちこれを可《ゆる》したまふ。皆大いに歓喜し、千億万の人、おのおの自ら翻《ひるがえ》り飛び、等輩相追ひ、倶共《とも》に散り飛んで、八方・上下、無央数の諸仏の所に到り、皆前《すす》んで礼《らい》を作《な》し、供養し恭敬《くぎょう》したてまつる。かくの如く毎日の晨朝《じんじょう》に、おのおの衣裓《えこく》を以てもろもろの妙花を盛り、他方の十万億の仏に供養したてまつる。及びもろもろの衣服《えぶく》・伎楽、一切の供具《くぐ》、意の随《まま》に出生《しゅっしょう》し、供養し恭敬す。即ち食時《じきじ》〔正午〕を以て本国に還り到りて、飯食《ぼんじき》し経行《きょうぎょう》してもろもろの法楽《ほうらく》を受く。或は言く、毎日三時に諸仏を供養したてまつると。（七四ページ）

右の最後の部分は、ほぼ『阿弥陀経』の次のサンスクリット原文に対応する。

「また次にシャーリプトラよ、かの仏国土では、常に天上の楽器が演奏されており、また、大地は黄金色で美しい。またかの仏国土では、夜に三度、昼に三度、天上のマンダーラヴァの花の雨を降らせる。かの（世界）に生まれた生ける者どもは、朝食前の時間に他の諸の世界に行って、百千億の仏たちを礼拝し、一々の如来の上に百千億の花の雨を降らして、また昼の休息のためにかの世界に帰って来る。シャーリプトラよ、かの仏国土は、このような、仏国土特有のみごとな配置で飾られているのだ。」（『浄土三部経』下、七九

ページ）

『大無量寿経』原文ではさらに詳しく述べられている。（二）

「実に、また、アーナンダよ、かの仏国土に生まれた求道者たちが皆、仏の威力によって、朝食のときに他の世界に行って、欲するままに、数百千億・百万の目ざめた人たちに侍り仕え、心にのぞむ通りに花や、焼香や、燈明や、薫香や、花環や、塗香や、抹香や、衣服や、傘や、幢や、幡や、旗や、楽器や、歌や、音楽によって供養をしようとするならば、その心をおこすやいなや、そのようなすべての供養の具が掌の中に出現し、かれらは、それらの花から音楽に至るまでの（供養の具）によって、かの目ざめた人たち・世尊たちを供養して、多数・無量・無数の善の根を集めるのだ。また、かれらが、もしも、「このような花束が掌の中に出現せよ」と望むならば、その心をおこすやいなや、多くの色やさまざまな香りのある天の花束が掌の中に出現するのだ。かれらはそのような花束を、かの目ざめた人たち・世尊たちの上に注ぎ、進んで注ぎ、振り撒くのだ。また、かれらの散じたすべての小さな花束は、上方の虚空において広さ十ヨージャナの花の傘蓋となって出現する。また、第二（の花束）が未だ散ぜられていないときには、第一（の花束）は地に落ちない。かの散ぜられた花束が花の傘蓋となって上方の虚空に出現したものには、広さ二十ヨージャナのものがあり、広さ三十ヨージャナ、四十ヨージャナ、五十ヨージャナのものがあり、乃至《ないし》は広さ百千ヨージャナの花の傘蓋となって上方の虚空に出現するものもある。かしこで、かれらは広大な喜悦や歓喜を生じ、また、広大な心の躍動を得、多数・無量・無数の善の根を植え、また、数百千億・百万の目ざめた人たちに仕えてから、ふたたび、一朝にして〈幸あるところ〉という世界に還って来る。それは、無量寿如来が過去に立てられた願いの力に摂《おさ》めとられることによって、過去世に説かれた法を聞いた徳によって、過去の勝者のもとで善根を植えたことによって、よく分別し修得することによって過去に立てた願いが成就したことに満足したことによってである、と。」（同、上、七五〜七六ページ）

（一）なお『大無量寿経』の一節（『浄土三部経』上、七六〜七七ページ）も、源信の準拠したものであるらしいが、その部分はサンスクリット原文が存在しない。

十　増進仏道の楽

極楽世界では、さとりの道へ進んでゆくことができるという楽しみがある。源信によると、極楽往生とさとりを得ることとは一応区別されていた。前者は後者への準備なのである（のちに浄土真宗の教学では、往生即涅槃、すなわち極楽往生とニルヴァーナに達することとは同一であると解するに至ったが、源信はまだ古来の伝統的観念をまもっている）。

華厳《けごん》の偈《げ》に云く、「もし衆生ありて一たび仏を見たてまつれば　必ずもろもろの業障《ごっしょう》を浄め除かしめん」と。一たび見たてまつるすら、なほしかり。いかにいはんや、常に見たてまつるをや。この因縁に由りて、かの土の衆生は、所有の万物に於て、我《が》・我所《がしょ》の心なく、去来進止、心に係《かか》る所なし。もろもろの衆生に於て大悲心を得、自然に増進して、無生忍《むしょうにん》を悟り、究竟《くきょう》して必ず一生補処《いっしょうふしょ》〔次に生まれて来るときは仏として生まれてくる位、菩薩としては最高位〕に至る。乃至、速かに無上菩提を証す。（七六〜七七ページ）

この所説は、『大無量寿経』の原文にもとづいているのである。

「実に、また、アーナンダよ、かしこにすでに生まれ、今生まれつつあり、未来に生まれるであろうところのすべての求道者たちは、大獅子吼《ししく》をなし、高貴な鎧をつけ、一切の生ける者どもをことごとく永遠の平安にみちびき入れることに没頭している求道者たちの願いの力を除いて、皆、一生だけこの世につながれている者どもであって、これ以後はただ、この上ない正しい覚りを得るようになるのみであろう。」（『浄土三部経』上、七三〜七四ページ）

以上に関する限りは、源信の説明も『大無量寿経』の説も大体一致している。つまり、これは原始浄土教の思想なのである。

ところが源信は、以上につづいて、直ちに、次のように述べている。

衆生の為の故に、八相《はっそう》〔仏の生涯をさとりを中心に八つに整理した型で八相成道という」を示現《じげん》し、縁に随ひ、厳浄《ごんじょう》の国土にありて妙法輪《みょうほうりん》を転じ、もろもろの衆生を度《ど》す。もろもろの衆生をして、その国を欣求《ごんぐ》すること、我の、今日、極楽を志願するが如くならしめん。また十方に往いて衆生を引接《いんじょう》すること、弥陀仏の大悲の本願の如し。かくの如き利益《りやく》、また楽しからずや。（七七ページ）

すなわち極楽浄土で修行してさとりを開いてのち、この世に帰って来るのである。そうして、またブッダとして現れて、悩める人々を救うというのである。これは、浄土経典には明示されていなかった思想である。

極楽浄土にいるあいだ、かの極楽の衆生は一つの生涯だけ縛られているということは、法蔵ビクの第二十一の願にも表明されている。

「世尊よ、もしも、わたくしが覚りを得た後に、かの仏国土に生まれた生ける者どもが皆、この上もない正しい覚りを得るために〈もう一生だけこの世に縛られるだけの身〉とならないようであったら、その間はわたくしは、この上ない正しい覚りを現に覚ることがありませんように。ただし、（それは、）大いなる鎧を身にまとい、一切の世間の利益のために鎧を身にまとい、一切の世間のために努力し、一切の世間の永遠の平安のために努力し、一切の世界で求道者の行ないを実行しようと願い、一切の目ざめた人々に近づこうと願い、ガンジス河の砂（の数）に等しい（無数の）生ける者どもをこの上ない正しい覚りに安定させ、さらにその上の行に向かい、サマンタ・バドラ（普賢《ふげん》）の行に到達した求道

者たち、すぐれた人々のたもつかの特別な願いを除いてのことである。」（『浄土三部経』上、二九ページ）

ここに表明されている思想は、普賢の行を実践する人は別として、極楽国土のことだけを問題としているのである。ところが源信は、この世で、穢土《えど》で人々を救うことを問題としている。これは、現実性へ向っての大きな進展である。やがて現世における利他的活動を強調する方向に踏み出しているのである。

第三章　極楽の証拠

仏の浄土は多数存在するはずであるのに、特に西方極楽に生れることを願うべきことの証拠を論ずる。全体が二つに分れる。第一は十方の浄土に対して西方極楽信仰の優越性を主張する論拠であり、第二は弥勒菩薩の住むトウシタ（兜率《とそつ》）天に対して弥陀信仰の優越性を主張する論拠である。

まず第一の論拠は、多くの経論に説かれているからということである。

問ふ、十方に浄土あり、なんぞただ極楽にのみ生れんと願ふや。

答ふ。天台大師の云く、「もろもろの経論は、処々にただ衆生をして偏《ひとえ》に阿弥陀仏のみを念ずることを勧め、西方極楽世界を求めしめたり。無量寿経・観経・往生論等の、数十余部の経論の文は、慇懃《おんごん》に指授して西方に生れんことを勧めたり。ここを以て偏に念ずるなり」と。大師、一切の経論を披閲すること、およそ十五遍。応《まさ》に知るべし、述ぶる所、信ぜざるべからずと。（七八ページ）

その典拠の一つとして、

阿弥陀経に云く、「我この利を見るが故に、この言を説く。もし信ずることあらん者

は、応当《まさ》に願を発《おこ》して、かの国土に生ずべし。」と。（八〇ページ）

これは、『阿弥陀経』（『大正新脩大蔵経』一二巻三四七ページ中）の文である。

その原文は、

「それ故に、シャーリプトラよ、この道理を認識しつつ、わたしはこのように言う――「立派な若者や、あるいは立派な娘は、かの仏国土に生まれたいと、心をこめて、誓願をおこすべきである。」と。」（岩波文庫『浄土三部経』下、八二ページ）

となっている。

第二の問題は、西域（シルクロードおよび南アジア）では、マイトレーヤ（弥勒）仏の信仰が一般に行われているのに、特に取り立ててアミターバの信仰を取り上げる必要はないのではないか、という疑問が起る（考古学的遺品について見る限りマイトレーヤ像のほうが圧倒的に多い）。

問ふ、玄奘三蔵《げんじようさんぞう》の云く、「西方の道俗は並《みなみ》弥勒《ろく》の業《ごう》を作す。同じく欲界にしてその行成《ぎようじよう》じ易きが為なり。大小乗の師、皆この法を許す。弥陀の浄土は、恐らくは凡鄙穢《けが》れて修行成じ難からん。」と。（八一ページ）

これに対して源信は、「われわれはなにもインドの習俗・流行に従う必要は無い」と答えている。

答ふ。中国・辺州、その処、異りといへども、顕密の教門、その理これ同じ。如今《いま》引く所の証拠、既に多し。いづくんぞ、仏教の明文《みようもん》に背いて天竺《てんじく》の風聞に従ふべけんや。いかにいはんや、祇洹精舎《ぎおんしようじや》の無常院には、病者をして西に面《むか》ひ、仏の浄刹に往く想《おもい》を作さしむるをや。具《つぶ》さには、下の臨終行儀の如し。明かに知る、仏意、偏《ひとえ》に極楽を勧めたまへるを。西域《さいいき》の風俗、あにこれに乖《そむ》かんや。（八二ページ）

ここで「中国」というのは、インドのガンジス河流域のことであって、シナのことではない。源信によると、インドは世界のうちの一部であり、局地的である。しかし仏教の教えは普遍的である、というのである。

源信のこの毅然たる態度は、驚嘆すべきである。ここには世界主義の主張がはっきりと表明されているではないか。

近年に至るまで、わが国では、日本は特殊な地域であるから、日本的なもの、日本仏教が必要であると主張されていた。ところが、源信はまさに逆の立場を表明しているのである。

第四章　正修《しょうしゅ》念仏

正しく念仏を修するには五つの方面がある。

一　礼拝《らいはい》門

身体とことばと心とでアミターバ仏を礼拝することである。

初に、礼拝〔門〕とは、これ即ち三業相応《さんごうそうおう》の身業《しんごう》なり。一心に帰命《きみょう》して五体《ごたい》〔両膝・両肘・頭〕を地に投げ、遥かに西方《さいほう》の阿弥陀仏を礼したてまつるなり。多少を論ぜざるも、ただ誠心《じょうしん》を用てせよ。（八七ページ）

二　讃歎《さんだん》門

「第二に、讃歎《さんだん》〔門〕とは、これ三業相応《さんごうそうおう》の口業《くごう》なり」（八九ページ）。仏を讃歎することは、多くても、少くてもかまわない。

法華《ほっけ》の偈《げ》に云ふが如し。「或は歓喜の心を以て　歌唄《かばい》して仏の徳を頌し　乃至《ないし》一小音もてせるも皆已に仏道を成ぜり《じょう》」と。（九〇ページ）

そのサンスクリット原文は、次のごとくである。

「また諸々《もろもろ》の仏を供養するために、歌を甘美にまた快く歌ったとしても、多くのしかたで遺骨の供養を行って、かれらはすべて、世の中で仏となるであろう。——たとい、諸々の仏の遺骨にほんの僅かのことをしても、また一つの楽器を奏でさせただけでも。」(*Saddh. P.*, II, v. 92-93, p. 49)

仏を敬う気持をちょっとだけ示した在俗信者は仏となることができる、というのである〔上座部の修行僧は歌を歌ったり音楽を奏することは禁止されていたから、これは世俗の信徒の信仰に言及しているのであると考えられる〕。

サンスクリット文では遺骨をおさめたストゥーパの崇拝に重点をおいて説いているが、シナでクマーラジーヴァ（羅什）によって『法華経』が漢訳された時代には、シナではストゥーパ崇拝は実際問題として行われていなかったので、漢訳者が削除してしまった可能性が考えられる。ただし、そのことに、源信は無関係である。

『法華経』のこの文句を引用したあとで、源信は言う、

一音《いっとん》にして既にしかり。いかにいはんや、常に讃ふるをや。仏果《ぶっか》すらなほしかり。いかにいはんや、往生をや。真言の讃仏は利益甚だ深し。顕露することあたはず。（九〇ペ

ージ）

ちょっとした崇拝儀礼を行なった者でさえも、さとりを開いて仏となることができる。だから、修行に励んだ者はなおさらのことである。また仏となれるのだから、極楽往生はもちろん可能である、と言うのである。源信の思想は、浄土教のうちでは自力的であったと言い得るであろう。

三　作《さ》願《がん》門

仏になろうという誓願を立てることである。

惣じてこれを謂はば仏に作《な》らんと願ふ心なり。また、上《かみ》は菩提を求め、下は衆生を化《すく》ふ心とも名づく。別してこれを謂はば四弘誓願《しぐぜいがん》なり。（九一ページ）

かれはこの一節において、誓願に関する種々の経文を引用している。

法句経《ほっくぎょう》に云く、「諸仏は貪と瞋とに依りて　道場に処《しょ》したまふ　塵労は諸仏の種なり　本《もと》より来《このかた》動く所なし　五蓋《ごがい》（一）と及び五欲《ごよく》を　諸仏の種性《しゅしょう》となす　常にこれを以て荘厳《しょうごん》したまふ　本より来《このかた》動く所なし　諸法は本より来《このかた》是《ぜ》もなくまた非もなし　是非の性は寂滅し　本より来《このかた》動く所なし」と。（九五ページ）

この文句は、明らかに「煩悩即菩提」という思想を表明しているのであり、大乗仏教の立場に立っている。源信は、これは『法句経』という経典の引用であるというが、世に有名な『法句経』(Dhammapada)のことではない。源信の引用している詩の文句は、パーリ文の『ダンマパダ』やサンスクリット文の『ウダーナヴァルガ』(ともに岩波文庫に『ブッダの真理のことば　感興のことば』という題名で訳されている)のうちには出て来ない。これは、同じ題名の『仏説法句経』のうちの文句である。(二)

(一)　蓋は煩悩のこと。貪り(貪欲蓋)、怒り(瞋恚蓋)、身心の消極的な働きと睡眠(惛眠蓋)、心の動揺と後悔(掉悔蓋)、疑い(疑蓋)の五。

(二)　この経典の(恐らくサンスクリット語の)原本は散佚してしまい、漢訳も伝わらなかったが、近年になって漢訳が敦煌で発見され、中村不折画伯所伝本と大英博物館所蔵本とがあり、両者を校合して、『大正新脩大蔵経』八五巻古逸部・疑似部の中におさめられている〔なおこの経典に対する注釈として『法句経疏』も敦煌で発見され、パリーの国民図書館に所蔵されているが、やはり『大正新脩大蔵経』八五巻一四三五ページ下以下に収められている〕。

この経典は宋本、元本、明本の大蔵経の中にも、鉄眼版の大蔵経にも含まれていないから、日本では殆んど読まれなかった経典である。ところが源信は、平安時代中期に、これを読んでいたのである。驚くべきことである。

この僅かな事実から、われわれは次の三つの特徴をうかがい知ることができる。

〔一〕恐らく平安時代中期に至るまでの日本とシナと(恐らく朝鮮も)、文化的には緊密に結ばれていて、その交流の西の端は敦煌にまで及んでいたのである。

〔二〕山の中の比叡山に、これだけ多くの典籍があった。織田信長に焼き打ちされたのちの比叡山とは事情を異にする。

〔三〕源信は、恐ろしいほどの読書家であった。

次に源信は、周到な注意を以て修行につとむべきことを教えて言う。

華厳経の入法界品《にゅうほっかいぼん》に云ふが如し。「譬へば、金剛の、能く大地を持《たも》ちて墜没《ついもつ》せしめざるが如く、菩提の心も亦またかくの如し。能く菩薩の一切の願・行を持ちて、墜落して三界に没せしめず。」と云々。（九九ページ）

これは〈さとりを求める心〉(bodhicitta 菩提心）を発《おこ》すことをたたえているのである。

右の句のサンスクリット原文は、次のごとくである。

「善男子よ。譬えば、大地は、金剛の平面の上に確立していて、砕かれることもなく、沈没することも無いように、諸々《もろもろ》の求道者（bodhisattva）の誓願は、〈さとりへ向う心〉を起すこと〈発菩提心〉(bodhicittotpāda）という金剛の堅牢な平面の上に確立していて、三界のうちにあるいかなるものによっても砕かれることもなく、また沈没することもない[一]。」(*Gaṇḍavyūha*, p. 509, *ll.* 18-21)

（一）漢訳は、最後の句が意訳になっている。

〈さとりに向う心〉は、空の理を観ずることであるが、しかし現実の実践においては現象界の多様相を承認せねばならぬ。そこの関係をどう考えたらよいのであるか?
問ふ。この中に、理を縁として菩提心を発するも、また因果を信じて、勤めて道を修行すべきや。
答ふ。理、必ず然《しか》るべし。(一〇〇~一〇一ページ)
こう言って、次に『中論《ちゅうろん》』の詩句を引用する。
中論《ちゅうろん》の偈に云く、「空《くう》なりといへどもまた断ならず　有《う》なりといへどもしかも常ならず
業《ごう》の果報の失せざる　これを仏の所説《しょせつ》と名づく」と。(一〇一ページ)
これはナーガールジュナ(竜樹)の『中論』第一七章第二〇詩である。原文から邦訳すると、
「仏によって説かれた〈業が消失しないという原理〉は、空であって、しかも断絶ではなく、輪廻であってしかも常住ではない。」
となっている。この詩はクマーラジーヴァ(羅什)の訳した青目《しょうもく》の注釈による限り、ナーガールジュナ(竜樹)の思想的立場を表明したものであるが、サンスクリットで残っているチャンドラキールティの註解によると、ナーガールジュナに反対する人々、すなわち「法有」の立場に立つ小乗仏教の人々の所説であり、小乗仏教でも〈非常非断〉ということを説いているという一種の弁明になっている。『無畏論』(*Akutobhayā* チベット訳のみ残存)、『般若燈論釈』『大乗中観釈論』を見ても、全部ナーガールジュナに対する反対者の立言となって

いるから、恐らくこの解釈のほうが正当であろう。(一)

したがってこの点では源信はクマーラジーヴァの訳には忠実に従っているが、インドの哲人のいだいていた思想とは異なるということになる。

(一) 詳しくは中村「『中論』諸註釈における解釈の相違」(橋本博士退官記念仏教研究論集刊行会編『仏教研究論集』、清文堂出版、昭和五十年、七五～七六ページ)参照。

源信は、空に関する偏見(空見《くうけん》)をいましめて言う、

また中論の第二の偈に云く、「大聖《だいしょう》〔仏〕の、空の法を説きたまふは、諸見を離れしめんが為の故なり　もしまた空ありと見ば　諸仏の化《け》〔教化〕せざる所なり」と。(一〇二ページ)

その原文は次のとおりである。

「あらゆる執着を脱するために、勝者(ブッダ)によって空が説かれた。しかるに人がもしも空見をいだくならば、その人々を『何ともしようのない人』とよんだのである。」(『中論』第一三章第八詩)

原文との相違は特には認められない。ところが、次の引用文は大いに問題を内蔵しているものである。

中論の偈に云く、「因縁所生《しょしょう》の法は　我説かく、即ちこれ空なりと　また名づけて仮名《けみょう》となす　またこれ中道の義なり」と云々。(一〇二～一〇三ページ)

これはナーガールジュナの著『中論』の中で「中道」という語の出て来る唯一の箇所であり、さらに、天台宗の教学の根幹である「三諦《さんだい》」（三つの真理の見かた）の思想はこの短い詩の文句にもとづいているので非常に重要である。以下煩を避けて略述しよう。（一）

（一）以下の所論の詳細は、中村「空の意義」（仏教思想研究会編『仏教思想』6『空』上、平楽寺書店、昭和五十七年、二四二〜二九〇ページ）を参照されたい。

ナーガールジュナにとって重要な「中道」という語は『中論』においてはただ一回、すなわち「四つの真理の考察」（観四諦品）という第二十四章の第十八詩に言及されているのみであるから、われわれはこれを手がかりにして考察を進めなければならない。

「縁起なるものを、われわれは空と説く。
それは仮名《けみょう》であって、それはすなわち中道である。」

yaḥ pratītyasamutpādaḥ śūnyatāṃ tāṃ pracakṣmahe,
sā prajñaptir upādāya pratipat saiva madhyamā.

とあり、これをクマーラジーヴァは、

「衆因縁生法。我説即是無。亦為是仮名。亦是中道義。」

と訳しているが、シナでは後にこれが多少変更されて、

「因縁所生法。我説即是空。亦為是仮名。亦是中道義。」

という文句にして、一般に伝えられている。天台宗も三論宗も後者を採用しているし、また

後者のほうが原文に違うことなく、よくその意味を伝えている。

源信は天台の学僧であったから、『往生要集』の中では後者の文句にしたがっているのである。ところで、天台宗の解するところによると、この詩句は空・仮・中の三諦(三つの見方としての真理)を示すものとされ、「三諦偈《さんだいげ》」と呼ばれるようになった。すなわちその趣旨は、因縁によって生ぜられたもの(因縁所生法)は空である。これは確かに真理であるが、しかし、われわれは空という特殊な原理を考えてはならない。空というのも仮りに設けられたもの(仮名《けみよう》)であり、空を実体視してはならない。故に空をさらに空じたところの境地に中道が現れる。因縁によって生ぜられた事物を空ずるから非有であり、その空をも空ずるから非空であり、このようにして「非有非空の中道」が成立する。すなわち中道は二重の否定を意味する。ほぼこのように、シナ以来伝統的に解釈されて来た。いわば一種の弁証法を認めるのである。

そうして天台宗ではこのような見解にもとづいて、〈三観〉の説を立てるに至った。あらゆる事象を、「空」「仮」「中」という三つの見方から考察すべきであるというのである。

しかし、これはナーガールジュナの原意ではない。サンスクリット原文およびインドの諸注釈によってみると、右の詩句は、縁起、空、仮名《けみよう》(諸条件に縁って仮りに設定されていること)、中道という四つの概念が同趣意のものであるということを説いただけなのである。

もちろんわれわれはシナ仏教思想の独自の意義を認めるのにやぶさかではない。ただわれわれとしては、シナ仏教における解釈がインドのもとのものと違うということを指摘するのである。

ところで源信は、対立している〈有〉と〈空〉とのいずれにも執着してはいけないという天台大師の見解を受けているが、かれはこの二つの原理を具象的に表現している。

> 行者、常に諸法の本《もと》より来《このかた》空寂《くうじゃく》なるを観じ、また常に四弘《しぐ》の願《がん》・行《ぎょう》を修習《しゅじゅう》せよ。空と地とに依りて宮舎を造立《ぞうりゅう》せんとするも、ただ地のみ、ただ空のみにては、終に成《な》すことあたはざるが如し。これはこれ諸法の三諦相即《さんだいそうそく》するに由るが故なり。（一〇二ページ）

ここで家を建てる場合に「空」が必要であると言っているが、その空はサンスクリットの ākāśa で、space, ether ; Raum, Äther という意味である。ところがナーガールジュナから天台に至る「空」とは哲学的概念としての śūnyatā であり、両者は別のものである。しかし視覚表象にたよることの好きな日本人に納得させるためには、源信はこのようなしかたを採らねばならなかったのであろう〔両者を混同することはすでにシナで行われている。しかしチベットでは行われなかった。チベット人は「空」を ston-pa、「おおぞら」（虚空）を nam-mkhaḥ と訳して区別していたからである〕。

〈さとりを求める心〉について、源信はさらに経文を引用する。

> 華厳経の入法界品《にゅうほっかいぼん》に云く、「譬へば、善見薬王の、一切の病を滅するが如く、菩提心も一切衆生のもろもろの煩悩の病を滅す。譬へば、牛・馬・羊の乳の、合して一器にある

に、師子《しし》の乳を以てかの器の中に投《い》るるときは、余の乳は消え尽きて、直《ただ》ちに過ぐること碍《さわり》なきが如く、如来てふ師子の、菩提心の乳を、無量劫に積む所のもろもろの業・煩悩の乳の中に著《お》けば、皆悉く消え尽きて、声聞《しょうもん》・縁覚《えんがく》の法の中に住《とど》まらざるなり。」と。（二〇五ページ）

それのサンスクリット原文は、二ヵ所に散説されているが、次のごとくである。

「善男子よ。譬えば、「善見」（Sudarśana）という名の偉大な薬があったとしよう。それを服用した求道者は、一切の病いを滅ぼしてしまう。それと同様に、〈さとりへ向う心〉（菩提心 bodhicitta）という、「善見」にも譬うべき偉大な薬を服用した求道者は、一切の煩悩と智慧の病いを滅してしまう。」（*Gaṇḍavyūha*, p. 497, *ll.* 9-12）

「譬えば、牛と水牛と山羊の乳が一杯になって満ちている大海〔のような器〕の中に獅子の乳の一滴でも投入するならば、乳がすべて退き去って、集合しないように、そのように、百千劫のあいだに積もった、乳の大海ほどもある多くの業と煩悩も、獅子にも譬うべき偉大な人物である如来の、全知性に向って心を起すこと〔発心 cittotpāda〕という乳の一滴でも投げ込むならば、一切の〔煩悩は〕残り無く消滅してしまって、一切の声聞と縁覚の解脱はとどまることなく、すがたを見せることがない。」（*Gaṇḍavyūha*, p. 503, *ll.* 14-19）

またかれは、同様の趣旨の経文を引用する。

入法界品に云く、「譬へば、人ありて、不可壊《ふかえ》の薬を得れば、一切の怨敵《おんてき》もその便《たより》を得ざるが如く、菩薩摩訶薩《まかさつ》も亦またかくの如し。菩提心の不壊の法薬を得れば、一切の煩悩・諸魔・怨敵も壊《やぶ》るあたはざる所なり。」「譬へば、人ありて、住水宝珠を得て、その身に瓔珞《ようらく》とすれば、深き水の中に入れども、しかも没《しず》み溺れざるが如く、菩提心の住水宝珠を得れば、生死の海に入りて沈没《ちんもつ》せざるなり。」「譬へば、金剛の、百千劫に於て水の中に処《とどま》るも、しかも爛壊《らんえ》せず、また変異することなきが如く、菩提の心も亦またかくの如し。無量劫に於て生死の中に処《お》るも、もろもろの煩悩業も断滅することあたはず、また損滅すること無きなり。」（一〇五〜一〇六ページ）

右のサンスクリット原文は、三ヵ所に散説されている。

「善男子よ。譬えば、水の中に住む宝珠（udakasaṃvāsamaṇi-ratna）を懸けている漁夫は、水の中に〔もぐっても〕死ぬことはない。それと同様に〈全知性の心〉（sarvajñatā-citta）という〈水の中に住む宝珠〉を手にしている求道者は、一切の輪廻の海のなかでも〔溺れて〕死ぬことが無い。」（*Gaṇḍavyūha*, p. 498, *ll.* 16-18）

「善男子よ。譬えば、不敗（aparājita）なる薬を服用した人は、いかに多くの敵に取り囲まれても不敗であるように、〈全知性の心〉（sarvajñatā-citta）という不敗の薬を服用した求道者は、いかなる悪魔・敵対者に取り囲まれても、摧《くじ》き壊られることが無い。」（*Gaṇḍavyūha*, p. 497, *ll.* 4-7）

「善男子よ。譬えば、金剛が水に濡れて腐ることがないように、同様に〈さとりに向う心をおこすこと〉（発心）という金剛は、一切の輪廻の苦しみの火で焼かれても焼き尽されることがないし、一切の煩悩の火で熱せられても害われることはない。」(*Gaṇḍavyūha*, p. 509, *ll.* 21-25)

この場合「金剛」(vajra) というのはダイヤモンドのことであって、武器としての金剛杵をいうのではないであろう。

同趣旨の経文を、かれは重ねて引用する。

また入法界品に云く、「譬へば、閻浮《えんぶ》檀金《だんごん》の、如意《にょい》宝《ほう》を除いて一切の宝に勝《まさ》れるが如く、菩提の心の閻浮檀金も亦またかくの如し。一切智を除いてもろもろの功徳に勝れり。」「譬へば、迦楞毘《かりょうび》伽鳥《かちょう》の、㲉《から》の中にある時すら大いなる勢力ありて、余の鳥の及ばざるが如く、菩薩摩訶薩も亦またかくの如し。生死の㲉に於て、菩提心を発せる功徳・勢力は、声聞・縁覚の及ぶあたはざる所なり。」「譬へば、波利質多樹《はりしたじゅ》の花を一日衣《ころも》に薫《くん》ずるに、瞻蔔《せんぷく》の花、婆師《ばし》の花の、千歳《せんざい》薫ずといへども及ぶあたはざる所なるが如く、菩提心の花も亦またかくの如し。一日薫ずる所の功徳の香は、十方の仏の所に徹り、声聞・縁覚の、無漏智《むろち》〔煩悩との関係が全くなくなった智慧〕を以てもろもろの功徳を薫ずること、百千劫に於てするも及ぶあたはざる所なり。」「譬へば、金剛の、破《わ》れて全《まった》からずといへども、一切の衆宝の、なほ及ぶあたはざるが如く、菩提の心も亦またかくの

如し。少しく懈怠《けだい》すといへども、声聞・縁覚のもろもろの功徳の宝の、及ぶあたはざる所なり。」と。（一〇六～一〇七ページ）

右の引用文のサンスクリット原文は四ヵ所に散説されている。

「善男子よ。譬えば、ジャーンブー河の産する黄金でつくられた飾りをつけている人は、一切の荘飾品を蔽い隠してしまうように、〈さとりをめざす心〉(bodhicitta　菩提心）という〈ジャーンブー河の産する黄金〉でつくられた飾りである志願を懸けている求道者は、一切の声聞と縁覚の美徳[一]の飾りに打ち克ち、蔽い隠してしまう。」(*Gaṇḍavyūha*, p. 505, *ll.* 1-4)

「善男子よ。譬えば、卵の殻《から》から外へ出て来たカラヴィンカ鳥の仔が有する特別にすぐれた鳴き声が、〈一切の力や勢を有する、雪山に住む一切の鳥どもの群〉には存在しないように、それと同様に、輪廻という殻のうちにある〈修行を初めたばかりの求道者〉(ādikarmika-bodhisattva) というカラヴィンカ鳥の仔には、大慈悲・〈さとりをめざす心〉という特別にすぐれた鳴き声は、一切の声聞・縁覚たちには存在しない。」(*Gaṇḍavyūha*, p. 503, *ll.* 19-23)

「善男子よ。譬えば、一つの衣あるいは一つの油が円生樹[二]の花で一日薫ぜられたならば、その香りはただようが、その香りは、一つの衣または油が、快くにおうチャンパカの花やヴァールシカの花を百千日薫ぜられた場合にも存在しない。それと同様に、全知性の心の連続（＝全知性を具えている人）が一つの生涯だけ薫じた場合にあらわれる〈求道者の美徳である智の香り〉は十方において一切の仏のみ足のもとに吹くのであって、一切の声聞縁覚の諸々の心が百千劫のあいだ薫じたとしても、汚れなき善の徳性の智の香りは存在しない。」（*Gaṇḍavyūha*, p. 501, *ll.* 20-26）

「善男子よ。譬えば、ダイヤモンド（vajraratna）は、たとい砕かれたものであっても、一切のすぐれた宝・黄金の飾りに打ち克つように、同様に、全知性の心をおこすこと（sarvajñatācittotpāda）というダイヤモンドは、一切の声聞縁覚の美徳である黄金の飾りに打ち克つ。」（*Gaṇḍavyūha*, p. 508, *ll.* 15-18）

（一）　刊本には śrāvaka-buddha-guṇa とあるが、漢訳に従って śrāvaka-pratyekabuddha-guṇa とよむ。

（二）　刊本には pāriyātraka とあるが、その前後の類句に合せて pārijātaka と改める。

源信は反対者の立言として、さとりは本来存在するさとりの潜在的な可能性から現れ出るものであると主張して、若干の経論の文句を引用する。

問ふ、入法界品《にゅうほっかいぼん》に云く、「譬へば、金剛は金の性《しょう》より生じて、余《よ》の宝より生ずるにあらざるが如し。菩提心の宝も亦またかくの如し。大悲《だいひ》もて衆生を救護《くご》する性より生じて、余の善より生ずるにはあらず。」（一一一ページ）

それの原文は、次のごとくである。

「善男子よ。譬えば、ダイヤモンドは、ダイヤモンドの鉱床または黄金の鉱床以外の、他の鉱床から生ずることは無いように、それと同様に、ダイヤモンドに譬えられる〈全知性に向って心をおこすこと〉(sarvajñatācittotpāda) は、衆生を救うこと、大悲というダイヤモンドの鉱床、または全知者の智のよりどころである大いなる黄金の鉱床以外の、他の、衆生にひそむ善根 (kuśalamūla) という宝の鉱床から生ずるのではない。」

(*Gaṇḍavyūha*, p. 507, *l*. 25-p. 508, *l*. 3)


自分ひとりが極楽に生れたいと思うのは、利己主義ではないか。もしもそのような心で自分のためばかりを考えているならば、〈さとりに向う心〉は成り立たないではないか。——こういう非難が当時発せられていた。その根拠づけとして、次のことばが引用されている。

荘厳論《しょうごんろん》の偈に云く、「恒に地獄に処すといへども　大菩提を障《さ》へず　もし自利の心を起さば　これ大菩提の障《さわり》なり」と。(一一一ページ)

右の漢訳文は極めて短いが、サンスクリット原文は、かなり詳しい。

「諸々《もろもろ》の勝者の子 (jinasuta 菩薩) にとっては、衆生のために、地獄の住居 (naraka-bhavana) に住むことによっても、実に、悩ます劇しい苦しみは、決して存在しない。

これに反して、小乗 (Hīnayāna) において、寂静《じゃくじょう》の徳と生存 (bhava) の欠陥とに促されて種々の善（śubha）を分別（妄想 vikalpa）することが、叡智ある人々（dhīmat）にとっては、悩みを与えるものなのである。」（*Mahāyāna-sūtrālaṅkāra*, publié par Sylvain Lévi, XIII, 14, p. 87）

このような非難に対して源信は答えていう。

答ふ。あに前《さき》に言はずや、極楽を願ふ者は要《かなら》ず四弘の願を発《おこ》し、願の随《まま》に勤修《ごんしゅ》せよと。これあに、これ大悲心の行にあらずや。また極楽を願求《がんぐ》することは、これ自利の心にあらず。しかる所以《ゆえん》は、今この娑婆世界《しゃばせかい》はもろもろの留難《るなん》〔障碍《しょうがい》〕多し。甘露《かんろ》〔仏の教え〕いまだ沾《うるお》はざるに、苦海朝宗《くがいちょうしゅう》す（二）。初心《しょしん》〔初発心〕の行者、何の暇《いとま》ありてか道を修せん。故に今、菩薩の願・行を円満して、自在に一切衆生を利益せんと欲するが為に、まづ極楽を求むるなり。自利の為にせず。（二一一ページ）

そう言ってかれは若干の経論の文句を引用しているが、それらの文句は決して「極楽往生が利他のためである」とは説いていない。そういう発言は、もちろん浄土経典のうちには見当らない〔四十八願は利他的であるが、それは法蔵ビクが発願したのであり、極楽往生を願う凡夫はそういう発願をしない〕。そのことは、極楽往生の利他主義的性格は、源信が始めて明言したということを証するわけになる。これは浄土教における大きな転換である。

こういう思想的自覚にもとづいて、やがて親鸞は往相に対する還相《げんそう》を説くに至ったのであると考えられる。

（一）　苦しみの大海のうちに生きとし生ける者どもが押し流されて来る。

四　観察門《かんざつ》

正しく対象を観察する実践である。具体的には仏のすがたを観ずることである。この無量寿仏のすがたを思い浮べることによって自分の心を浄化し、行住坐臥のいかなる場合にあっても、われわれの心がこの仏のもとにあるように努めたのである。

まず身体的なすがたを観じなければならない。

諸経の中に、初心の人の為には、多く相好《そうごう》の功徳を説けり。この故に、今当《いままさ》に色相観《しきそうかん》を修すべし。（一一八ページ）

これには三種類がある。「これを分ちて三となす。一には別相観《べつそう》、二には惣相観《そうそう》、三には雑略観《ぞうりやく》なり。」これらのうちのどれでも、自分の好みに従って用いればよい。「意楽《いぎよう》の随《まま》に応《まさ》にこれを用ふべし。」

「別相観」とは、仏の一つ一つの身体的特徴を観察する方法であり、総括的に観想するのが「惣相観」、特定のものに限って観想するのが「雑略観」である。以下、源信の論述に従って筆を進めよう。

1　別相観

まづ花座《けざ》を観ず。観経《かんぎょう》に云く、

かの仏を観ぜんと欲せば、当《まさ》に想念を起すべし。七宝の地の上に於て蓮華の想《おもい》を作《な》し、その蓮華の一々の葉をして百宝の色を作さしめよ。八万四千の脈ありて、猶し天《てん》画《え》の如し。脈に八万四千の光ありて、了々分明《ぶんみょう》にして皆見ることを得しめよ。花葉《けよう》の小なる者も縦広二百五十由旬なり。かくの如き花に八万四千の葉あり。一々の葉の間に百億の摩尼珠《まにしゅ》の王ありて、以て映飾《ようじき》となせり。一々の摩尼珠は千の光明を放ち、その光は蓋《がい》の如く、七宝より合成《ごうじょう》して、遍く地の上に布《し》けり。（一一八ページ）

云々と経文を引用し、「かくの如き妙花《みょうけ》は、これ本《もと》、法蔵比丘《ほうぞうびく》の願力の成《な》す所なり。」というかれ自身の解釈を加えている。

もしかの仏を念ぜんと欲せば、当にまづこの華座の想を作すべし。この想を作す時、雑観《ざつかん》することを得ざれ。皆応《まさ》に一々にこれを観ずべし。一々の葉、一々の珠、一々の光、一々の台、一々の幢《はた》、皆分明《ぶんみょう》ならしめ、鏡の中に自ら面像を見るが如くせよ。この観を作すを、名づけて正観《しょうかん》となし、もし他観《たかん》せば、名づけて邪観《じゃかん》となす。

と。（一一九ページ）

仏は台座の上に坐ってましますから、先ず花の台座を観ずるのである。これは『観無量寿

経』に説かれた十六観のうちの第七である。ここに説かれている観想を「華座観《けざ》」という。その趣旨によると、

「かの仏を観たいと思ったならば、観想の念をおこさなければならない。七種の宝石でできた大地の上に蓮花《れんげ》を観想するのだ。その蓮花の一々の葉には百の宝石の彩りがあると観想するのだ。その葉には八万四千の葉脈があって天上の絵のようであり、葉脈に八万四千の光があって、これらがみな、はっきりと見分けられるようでなくてはならぬ。花びらの小さいものでも直径二百五十ヨージャナはある。このような蓮花に八万四千の葉があり、一々の葉の間に各々百億の珠宝があって、あたりを輝かすための飾りとなっている。一々の珠宝からは千の光明が放たれ、その光は天蓋のようであって、七種の宝石でできており、あまねく地上を覆っている。シャクラ・アビラグナ珠宝をその台としている。この蓮花の台は、八万のダイヤモンド・キンシュカ珠宝・ブラフマ珠宝・真珠を鏤《ちりば》めた網をもって飾られている。その台の上には自然に生じた四本の宝石の幢幡《はたぼこ》があり、一々の宝石の幢幡は百千万億のスメール山（須弥山《しゅみせん》）のようである。幢幡の上の宝石の幕はヤマ（閻摩《えんま》）の天宮のようである。五百億の美しい宝珠があたりを輝かすための飾りとされている。一々の宝珠に八万四千の光があり、一々の光は八万四千の違った金色の彩りをおびている。この金色はその宝石でできた大地をあまねく覆い、いたるところで変化してさまざまな形を現わしている。あるものはダイヤモンドの台となり、あるものは真珠の網となり、

あるものはさまざまな花の雲となり、十方の方面において、観る者の思うままに変現して、仏の所作を現わしている。これが〈花の座の観想〉であり、〈第七の冥想〉と名づけるのだ。」（岩波文庫『浄土三部経』下、一九～二〇ページ）

ということになる。

源信はこの座を観ずるだけでも極楽往生ができると説いている。

この座の相を観ずる者は、五万劫の生死の罪を滅除し、必定《ひつじょう》して、当に極楽世界に生ずべし。（一一九ページ）

次に源信はアミターバ仏（Amitābha 無限の光明ある者、無量光仏）の相好を観ずべきことを教えている。

次に、正しく相好を観ず。謂く、阿弥陀仏は花の台の上に坐し、相好炳然《へいねん》〔明るくきらきら〕として、その身を荘厳《しょうごん》したまふ。

ところがここに述べられている相好とは、実は仏教一般において仏が有すると信ぜられていた三十二相に若干の余分の特徴を加えて述べているのであるが、大乗仏教の発達した見解を盛り込んでいる。比較のために、恐らく原始仏教聖典における三十二相に関する最古の説をここに引用しよう。それと比較することによって、読者は、

〔一〕三十二相に関する要点というか、ポイントを直ぐに理解できる。

〔二〕源信に至って大成された浄土教がいかに複雑な思考と想像を含んでいたかを知り得る

であろう。

これは原始仏教以後の発展であり、付加である。

〔三〕こういう複雑な思考と想像は、単純性を愛好する日本人にとっては堪えられぬものであった。日本人はこういう観想法を捨て去ってしまった。そうして源信以後には、凡夫はただ「南無阿弥陀仏」ととなえさえすればよい、という方向に突進して行ったのである。

〔1〕源信の叙述では、次の如くである。

一には、頂《いただき》の上の肉髻《にくけい》は能く見る者なし。高く顕れて周円なること、猶し天蓋《てんがい》の如し。或は広く観ぜんと楽《ねが》ふ者は、次に応に観ずべし。かの頂の上に大いなる光明あり。千の色を具足《ぐそく》す。一々の色は八万四千の支《えだ》を作《な》し、一々の支の中に八万四千の化仏《けぶつ》あり。（一一九ページ）

これに対して、パーリ聖典は次のようにいう。

「頭の頂きの上にターバンのようなものがついている。これもまた、かれにとって偉人の相となるのである。」

阿弥陀如来像　宇治平等院鳳凰堂

パーリ文にはuṇhīsa (Sanskrit：uṣṇīṣa) とあるが、これを注解して、「uṇhīsa-sīsaというのは、額 (naḷātaka) が豊満であり、また頭が豊満である、という二つの意味によって説かれているのである。」「偉大な人（＝ブッダ）のこの特相を見て諸王はターバンを巻くことをなしたという」(*Sumaṅgalavilāsinī*, p. 452) とブッダゴーサはいうが、実際はその逆であろう。当時王者がターバンを巻いていたから、ブッダにもそのようなものがなければならぬと考えるようになったのであろう。そこでuṇhīsa-sīsaというのは、「頭がターバンを巻かれているが如くである」という第一義と、「頭がターバンのようにどこでも円い形をしている」という第二義と、ブッダゴーサは両方の意義を認めている。

右に対応する漢訳には最後に、「三十二には、頂に肉髻あり」とあり、頌には、「肉の髻《もとどり》」という語が出ている。

古代のバールフト彫刻にウシニーシャに相当するターバンが見られる。これはインドにおける古来の伝承を受けているのである。リス・デーヴィッズ (*Dialogues of the Buddha*, II, p. 16) は、「かれの頭は王者のターバンのごとくであった」"His head is like a royal turban"と解する。これがおそらく原義であったのであろう。ところが仏のこの相を彫刻に示す場合に「髻《もとどり》」と解して表現し、さらに身体の肉がもり上がったものであると考えた。そこで漢訳者は、すでに仏像のことを知っていたので、「肉髻」と訳したのであろう。

〔2〕

二には、頂の上の八万四千の髪毛は皆上向に靡《なび》き、右に旋《めぐ》りて生えたり。永く褫落《ちらく》〔脱落〕することなく、また雑乱《ぞうらん》せず。紺青《こんせい》にして稠密《ちゅうみつ》、香潔《こうけつ》にして細軟なり。或は広く観ぜんと楽《ねが》ふ者は、応《まさ》に観ずべし。一々の毛孔《もうく》には、旋《めぐ》りて五の光を生ず。（中略）無量の光、普く照して紺瑠璃の色を作し、色の中に化仏あり、称《あ》げて数ふべからず。（一二〇ページ）

パーリ文では第十三の特徴に、「一つ一つの毛をもっている。すなわち毛穴に一つずつ毛が生えているのである」をあげ、漢訳には、「十一には、一々の毛孔より一つの毛が生ず。その毛は右に旋《めぐ》り、紺の琉璃色なり」といい、頌には、「一つの〔毛〕孔より一つの毛が生ず」という。

〔3〕

三には、その髪の際に於て五千の光あり。間錯《けんしゃく》して分明なり。皆上向に靡き、もろもろの髪を囲遶し、頂を遶ること、五帀《ごそう》す。（一二〇ページ）

パーリ文では第十四の特徴として、「毛が逆立っている（＝上向きになっている）。すなわち諸々の毛が逆立って生えているのである。その色は紺青（nila）で、点眼薬のような色をしている。捲毛になっていて、右に旋回して生えている」、漢訳には、「十二には、毛生じて右に旋《めぐ》り、紺色にして仰靡す」というのがこれに相当するのであろうか。nila という色をリス・デーヴィッズは 'blue-black' と訳している。

〔4〕〔5〕〔6〕の、仏の耳たぶ、額、顔の輪郭について、『往生要集』はそれに触れているが、パーリ聖典の、三十二相の説明のうちには説かれていない。

〔7〕

七には、眉間の白毫《びやくごう》、右に旋りて宛転し、柔軟なること兜羅《とら》〔= tūla〕綿《めん》の如く、鮮《せん》白《ばく》なること珂《か》雪《せつ》に逾《こ》えたり。（中略）十方面に於て無量の光を現ずること、万億の日の如くにして、具さに見るべからず。ただ光の中に於てもろもろの蓮華を現ず。上は無量塵数《じんじゆ》の世界を過ぐるまで、花と花と相次ぎ、団円正等なり。一々の花の上に一の化仏坐し、相好荘厳し、眷属囲遶せり。一々の化仏また無量の光を出し、一々の光の中にまた無量の化仏あり。（一一二ページ）

パーリ文では、第三十一の特徴として、「両眉の間に木棉に似ている柔らかい毛が生じている。この王子には、両眉の間に木棉に似ている白い柔らかい毛が生じているということは、かれにとって偉人の相となるのである」と述べられている。漢訳には、「三十一には眉間の白毫は柔軟細沢にして、引く長さは一尋なり。放《はな》てば則ち右旋し螺〔貝〕の真珠のごとし」という。

これは、白毫相といって、眉間のところに隆起があって、そこから白い旋毛がすうっと出ているのである。

この白毫と両眼とを合せるとシヴァ神の三眼に似てくる。さらに白毫が光を放つということがあるが、シヴァ神も第三の眼から光を放って他の人を焼くということがある。あるいはシヴァ神の三眼の観念が仏教的に純化されたのではないか、とも考えられる。

また、敬虔なるヒンドゥー教徒は額に赤色のクンクムの印をつけるのが慣例である。これがもしも古い時代からあった習慣であるならば、それが彫刻に表現されたということも考えられる。(一)

(一) ヒンドゥー教の神像で神名の銘刻のあるもっとも古いものは、デリー博物館に所蔵されている軍神カールッティケーヤの像であるが、それは眉間のところに白毫相がある。タイの仏像には、白毫相の転化であろうが、額のかなり上方、宝冠よりも下に、宝玉がはめこんであるのがある。それはシヴァ神の三眼を連想させる。

〔8〕

八には、如来の眼睫《げんしょう》は猶し牛王《ごおう》の如し。紺青斉整《ざいしょう》にして相雑乱《あいぞうらん》せず。或は次に、応《まさ》に広く観ずべし。上下におのおの生えて五百の毛あり。優曇花《うどんげ》の鬢《びん》の如く柔軟《にゅうなん》にして、愛楽《あいぎょう》すべし。一々の毛端より一の光を流出し……（一二二ページ）

白毫相　眉間に柔軟な白毛がある。肉髻相，縵網相も示す。マトゥラー出土，マトゥラー博物館蔵（『ブッダの世界』より，丸山勇撮影）

パーリ文では、第三十の特徴として、「牝牛のまつ毛がある」があげられている。漢訳は少しく異なって、「三十には、眼は牛王のごとく、眼は上下倶《とも》に眴《また》く」といい、頌には、「眼は上下倶に眴《また》く」という。

パーリ文注解によると、「ここで〈まつ毛〉というのは眼の玉（? cakkhu-gaṇḍa）全体を意味するのである。」黒い仔牛の眼は厚いが、生れたばかりの赤い仔牛の眼のように柔軟である、と解している。（*Sumaṅgalavilāsinī*, p. 451）

〔9〕

九には、仏眼《ぶつげん》は青白にして上下倶に眴《まじろ》く。白きは白宝に過ぎ、青きは青蓮花に勝れり。或は次に、応に広く観ずべし。眼より光明を出すに、分れて四の支《えだ》となり、遍く十方の無量の世界を照す。青き光の中には青き色の化仏あり、白き光の中には白き色の化仏あり。この青と白の化仏、またもろもろの神通を現《あらわ》す。（一二二ページ）

パーリ文には、第二十九の特徴として、「王さまよ。この王子は眼が紺青である」と書き、漢訳には、「二十九には、眼は紺青の色なり」とあり、頌には、「目《まなこ》は紺青なり」という。

インドでは、男女の眼は青水蓮（nīlotpala）のごとくであるのが美しいとされている。

〔10〕

十には、鼻脩《なが》く、高く直にして、その孔現れず。鋳《い》たる金挺《こんてい》の如く、鸚鵡《おうむ》の 觜《くちばし》の如し。表裏清浄にしてもろもろの塵翳《じんえい》なし。二の光明を出して遍く十方を照し、変じて

種々の無量の仏事を作す。（一二二ページ）

パーリ文の注解には、相当文が見当らぬようである。

〔11〕

十一には、唇《くちびる》の色、赤くして好きこと頻婆《びんば》〔＝bimba〕菓《か》の如く、上下相称《あいかな》へること量《はかり》の如くにして厳麗なり。或は次に、応《まさ》に広く観ずべし。団円の光明、仏の口より出づること、猶し百千の赤き真珠の貫くが如くして、鼻と白毫と髪との間に入出す。かくの如く展転して、円光の中に入る。〈この唇の随好の業等は勘ふべし〉（一二三ページ）

パーリ文の注解には、どうも相当文が見当らぬようである。

〔12〕

十二には、四十の歯は、斉《ひと》しく、浄く密にして根深く、白きこと珂雪に逾《こ》えたり。常に光明あり。その光紅白にして、人の目に映り輝く。〈大経に云く、「両舌《りょうぜつ》・悪口《あっく》・恚心《いしん》を遠離《おんり》して、四十の歯の鮮白にして斉《ひと》しく密なる相を得たり」と云々〉（一二三ページ）

パーリ文の注解には、第二十三の特徴として、「四十の歯がある」、漢訳には、「二十二には、口に四十歯あり」と言う。

普通の成人は三十二本の歯があるが、ブッダはそれよりも八本多く歯をもっている。どうして生れたばかりの嬰児に四十本の歯を占相師が認めたのかということについては、聖典にも注解にも何も述べられていない。

〔13〕

十三には、四の牙は鮮白にして、光潔《きよ》く鋒利なること、月の初めて出でたるが如し。〈大集経に云く、「身《しん》・口《く》・意《い》浄きが故に、二の牙の白き相を得たり」と云々。この唇・口・歯の相を観ずる者は、二千劫の罪を滅す〉(一二三ページ)

パーリ文の注解では、第二十六の特徴として、「犬歯が白くてきれいである(輝きがある)」、漢訳には、「二十五には、歯白く、鮮明なり」という。

〔14〕

十四には、世尊《せそん》の舌相《ぜつそう》は、薄く浄くして、広く長く、能く面輪を覆ひ、耳・髪の際より、乃至、梵天に至る。その色、赤銅の如し。或は次に、広く観ずべし。舌の上に五の画ありて、猶し印文《いんもん》の如し。咲《え》む時、舌を動かせば五色の光を出し、仏を遶ること七帀《そう》して、また頂より入る。所有の神変《じんぺん》は無量無辺なり。(一二三ページ)

パーリ文の注解では、第二十七の特徴として、「舌が広くて長い」、漢訳には、「二十七には、広長舌にして、(舌をのばせば)左右耳を舐《な》む」と言う。

これは広長舌相といって、仏の舌は広くて長く、耳にまで届くという。これはもとは、仏は人々を救うために説法し、利他の行に徹した人だから説法を重んずるが、それならば普通の人よりすぐれたところがあるだろうというところから、このような特徴を考えたのである。

〔15〕 十五には、舌の下の両辺に二の宝珠あり。甘露《かんろ》を流注《るちゆう》して、舌根の上に滴《したた》らす。諸天・世人・十地の菩薩にはこの舌根なく、またこの味もなし。（一一三ページ）

右の注解とは一致しないが、パーリ文の次の注解は、多少通ずるところがある。すなわち第二十一の特徴として、「味覚が極めて鋭敏である」。漢訳には、かなり長文で訳されており、「二十六には、咽喉清浄にして、食するところの衆《もろもろ》の味は称適せざること無し」、頌には、「食味尽《ことごと》く具足す」という。

〔16〕 十六には、如来の咽喉《いんこう》は瑠璃《るり》の筒《つつ》の如く、状《かたち》は蓮華を累《かさ》ねたるが如し。出《いだ》す所の音声《おんじよう》は詞韻和雅《しいんわが》にして、等しく聞えざることなし。その声の洪《おお》いに震《ふる》ふこと、猶し天の鼓《つつみ》の如く、発《いだ》す所の言《ことば》の婉約《えんやく》なること伽陵頻《かりようびん》〔＝kalaviṅka 鳥〕の音《こえ》の如し。任運《にんうん》に能く大千世界に遍ず。もし作意《さい》する時は無量無辺なり。しかるに、衆生を利せんが為に、類に随ひて増減せず。（一二四ページ）

パーリ文の注解には、第二十八の特徴として、「美妙な声を出して（Brahmassara）、カラヴィーカ（karavika）鳥のように語る」、漢訳には、「二十八には梵音清微なり」とあり、頌には、「梵音の未曾有なる、遠近より縁に随って到る」という。

叙事詩『マハーバーラタ』でも、女人の声がほととぎすの鳴き声のごとくであるとたたえられている。

〔17〕

十七には、頸より円光を出す。咽喉の上に点相《てんそう》の分明《ぶんみょう》なるあり。一々の点の中より一々の光を出す。その一々の光、前の円光《えんこう》を遶《めぐ》りて七帀《そう》を満足し、もろもろの画、分明なり。一々の画の間に妙なる蓮華あり。華の上に七仏あり。一々の化仏におのおの七菩薩ありて、以て侍者《じしゃ》となす。一々の菩薩、如意珠《にょいしゅ》を執《と》り、その珠に金の光あり。青《しょう》・黄《おう》・赤《しゃく》・白《びゃく》及び摩尼《まに》〔＝mani〕の色、皆悉く具足して、もろもろの光を囲遶《いにょう》せり。上下・左右おのおの一尋《じん》にして、仏の頸を囲遶し、了々なること画の如し。（一二四ページ）

これは顕著に大乗仏教的な思想であり、後代に成立したものであろう。

〔18〕

十八には、頸より二の光を出す。その光に万の色ありて、遍く十方の一切の世界を照す。この光に遇ふ者は辟支仏《びゃくしぶつ》(一)と成る。この光、もろもろの辟支仏の頸を照す。（一二四ページ）

パーリ文の注解のうちには、これに対応する文句を見出し難い。

（一）仏だが、みずからさとりにひたっているだけで、利他の心がなく、人に法を説かぬから、慈悲救済を願う菩薩より低いとされる。独覚《どっかく》・縁覚《えんがく》ともいう。

〔19〕

十九には、欠瓫骨満《けつぼんこつまん》の相あり。光、十方を照し、虎魄《こはく》の色を作す。この光に遇ふ者は声《しょう》聞《もん》の意《こころ》を発《おこ》す。このもろもろの声聞、この光明を見るに、分れて十の支《えだ》となり、一の支に千の色、十千の光明あり。光ごとに化仏《けぶつ》あり。（一二五ページ）

パーリ文の注解のうちには、第十八の特徴として、「肩の窪みが充満している（窪みがなくて、平らで、ふっくらしている）」、漢訳には、「八には鉤鎖骨なり、骨節が相ひ鉤《ひ》くこと、猶ほ鎖連のごとし」という。

〔20〕

二十には、世尊の肩項《けんこう》は、円満にして殊に妙《たえ》なり。（一二五ページ）

パーリ文の注解には第二十の特徴として、「両肩がひとしく丸い」、漢訳には、「十五には、両肩斉停に充満円好なり」という。

パーリ文の注解から見ると、「話すときに血管が見えることは無い」というから、頸から喉ぼとけのあたりまで含めて考えていたのであろう。

〔21〕は「如来の腋の下云々」とあるが、パーリ文の注解のうちには、これに相当する文句が見当らないので省く。

〔22〕

二十二には、仏の双《ふたつ》の臂肘《ひちゅ》は、明かに直《すぐ》にして脯円《ちょうえん》なること、象王の鼻の如く、平《なお》く立つるときは膝を摩《な》づ。或は次に、応に広く観ずべし。手の掌に千輻《せんぷく》の理《すじ》ありて、おのお

の百千の光を放ち、遍く十方を照して、化して金の水と成る。金の水の中に一の妙水あり、水精《すいしょう》の色の如し。（一二五ページ）

パーリ文の注解のうちには、第九の特徴として、「立ったままで、しゃがまないでも、両手の掌で両膝に触れて、こすることができる」、漢訳には、「十には、平立して手を垂るれば、膝を過ぐ」という。頌には、「平立して身を傾けずとも、二手は膝を摩捫す」とある。

〔23〕

二十三には、もろもろの指は、円満・充密にして、繊《ほそ》く長く、甚だ愛楽《あいぎょう》すべし。一々の端《はし》に於て、おのおの万字《まんじ》を生《な》す。その爪、光潔《こうけつ》にして、華《はな》赤銅の如し。（一二六ページ）

パーリ文の注解のうちには、第四の特徴として、「手足の指が長い」、漢訳には、「五には、手足の指は繊長にして、能く及ぶ者なし」という。

パーリ文の注解によると、「他の人々の場合には、或る指が長く、或る指は短いが、マハープリサ（偉大な人）の場合はそうではない。猿のように手足の指が長く、根本《ねもと》のところでは太いが、次第に先のほうでは細くなる」という。(*Sumaṅgalavilāsinī*, p. 446)

〔24〕

二十四には、一々の指の間は、猶し鴈王《がんおう》の如く、咸《ことごと》く鞔網《まんもう》あり。金色交絡《こんじききょうらく》して、文《もん》は綺画に同じく、閻浮《えんぶ》金《ごん》〔檀〕〔＝Jambūnadī〕に勝ること百千万億なり。その色は明達《みょうたつ》にして眼界に過《こ》えたり。張る時は則ち見ゆれども、指を斂《おさ》むれば見えず。（一二六ページ）

パーリ文の注解のうちには、第六の特徴として、「手足が網のようである」、漢訳には、「三には、手足の網縵は、猶ほ鵝王の如し」、頌には、「手足に網縵の相あり」と言う。

この文から見ると、漢訳者は「手足の指のあいだには（鳥の水かきのように）網が張られている」と理解していたらしい。

ところがパーリ文注解は、この解釈を斥けている。「〈手足が網のようである〉というのは、指と指との間が皮で張られているというのではない。このような、蛇のあぎと（hood）のような手をもっている人は、人間の欠点にとりつかれて出家修行することができない。偉人（mahā-purisa）にとっては、四本の手の指と、五本の足の指とが一つの量（規格）をなしている。それらは一つ一つが量（規格）となっているから、互いに他を貫いて網の特徴をなしている。またはかれの手足が、技量の良い大工が組んで作った格子窓に似ている。それ故に〈手足が網のようである〉といわれるのである。」

この文章から見ると、ブッダゴーサは、手足の指と指とのあいだに水かきのようなものがあるという解釈を知っていて、それを排斥していることが解る。

おそらく最初は、「手足の指がきちんとしている」という一種の理想像――それは多分に当為的なものである――が考えられ、仏像がつくられるようになってから、指と指との間に水かきのようなものを作ることがあったために、「水かき云々」という解釈が成立したのであろう。

なおサンスクリット文芸では、格子窓をjālaという（*Meghadūts* 89）。したがってブッダゴーサの言及している異説も充分に根拠のあるものである。

〔25〕

二十五には、その手の柔軟《にゅうなん》なること都羅《とら》〔= tūla〕綿《めん》の如く、一切に勝過《しょうか》して、内外《ないげ》倶に握る。（一二六ページ）

パーリ文の注解のうちには、第五の特徴として、「手足が柔軟で若々しい」、漢訳には、「四には手足柔軟にして猶ほ天衣のごとし」、とあり、頌には、「手は斉整にして柔軟なり。人の尊〔者〕として美相が具はる」とあるのがこれに対応するのであろうか。

〔26〕

二十六には、世尊の頷《おとがい》・臆《むね》、幷《ならび》に身の上半の、威容広大なること、師子王の如し。（一二六ページ）

これはパーリ文三十二相のうちの次の二つを一つにまとめたものだと言えるであろう。すなわち、第十七の特徴として、「前半身が獅子のごとくである」と言うが、これに対応する文は、漢訳の散文のうちには見出されない。僅かに頌のうちに、「人中の師子尊は、威力最も第一なり」というが、必ずしも一致しない。

パーリ文の注解によると、「かれの体は獅子の前半身のようである。けだし、獅子の前半身は豊満であるが、後半身は豊満ではない。しかし偉大な人（ブッダ）にとっては、獅子の前半身のように、全身が豊満なのである」。「豊満」(paripuṇṇa) というのは、「割合にひろくて充満している」(proportionately broad and full, Rhys Davids) ということなのであろう。

また第二十二の特徴として、「獅子の頬をもっている」をあげ、漢訳には、「二十には、頬《きょう》車《しゃ》、師子のごとし、二十一には、胸膺《よう》の方整なること、師子のごとし」という。頌には、「その頬車、方整にして、臥脇、師子のごとし」という。

パーリ文注解によると、「獅子は下顎は豊満であるが、上顎はそうではない。しかし〈偉大な人〉(ブッダ)は、両顎ともに豊満なのである。」

〔27〕

二十七には、胸に万字《まんじ》あり。実相印《じっそういん》と名づけ、大いなる光明を放つ。或は次に、応《まさ》に広く観ずべし。光の中に無量百千のもろもろの花ありて、一々の花の上には無量の化仏あり。このもろもろの化仏、おのおの千の光ありて、衆生を利益し、乃至、遍く十方の仏の頂に入る。(二二六ページ)

漢訳『長阿含経』にはパーリ文に出ていない特徴が出ている。「十六には胸に万字あり」というが、「万字」は卍(または卐)の形のことで、音通であろう。これは古来インドに伝わっている「幸せ」「めでたさ」を象徴する字であり、後代の仏教では功徳円満を示すと解せられている。しかし、パーリ仏典には卍は出てこない。これは土俗信仰であり、すでにインダス文明以来存し、ヒンドゥー教で重んじ、今日でもインド一般にあまねく用いられている。ところで胸に卍があるのは、śrī-vatsāṅka といい、ヒンドゥー教ではヴィシュヌ神がその印をもっているという。だから、ここには最初期の仏教には認められなかったような、ヒンドゥー教の影響が認められるのである。この点では、漢訳『長阿含経』は後代のヒンドゥー復興の影響を受けている。

そうして源信の説明も、当然、間接的にはヒンドゥー教の影響を受けているのである。

〔28〕

二十八には、如来の心《しん》の相は、紅《くれない》の蓮華の如し。妙なる紫金の光、以て間錯《けんしゃく》をなして、瑠璃《るり》の筒《つつ》の如く、懸《かか》りて仏の胸にあり。合せず、開かず、団円なること、心の如し。万億の化仏、仏の心の間に遊ぶ。また無量塵数《じんじゅ》の化仏、仏の心の中にありて、金剛の台《うてな》に坐し、無量の光を放つ。一々の光の中に、また無量塵数の化仏ありて、広長の舌を出して、万億の光を放ち、もろもろの仏事を作す。（一二七ページ）

これは顕著に大乗仏教的な思想である。特に華厳思想の影響を受けているように思われる。もちろん原始経典には出て来ない。

〔29〕

二十九には、世尊の身の皮は皆真金色《みなしんこんじき》なり。光潔晃曜《こうけつこうよう》にして、妙なる金の台の如し。もろもろの宝もて荘厳し、衆《しゅ》の見んと楽《ねが》ふ所なり。（一二七ページ）

パーリ文の注解には、第十一の特徴として、「黄金色で、皮膚が黄金のように輝いている」をあげ、漢訳には、「十三には、身は黄金の色なり」という。頌の、「梵音の身は紫金にして、〔蓮〕華の初めて池を出づるがごとし」とあるのに相当するのであろうか。

「黄金のように輝く」(kañcanasaṃnibha) というのは、ブッダについて述べられる形容語である (*Dīgha-Nikāya*, III, pp. 143, 159 ; *Majjhima-Nikāya*, II, p. 136 ; *Milindapañha*, p. 75)。「黄金色」(suvaṇṇa-vaṇṇa) というのは、朱 (hiṅgulaka) に用いてつくったものであるとブッダゴーサがいうので、リス・デーヴィッズは bronze と訳している。

伝統的保守的仏教では、一般に仏の身は「真金色」であると考えられていた。理想的な修行者が、黄金の色をしているということは、叙事詩『マハーバーラタ』においてもたたえられている。

〔30〕

三十には、身の光、任運《にんうん》に三千界を照す。もし作意《さい》する時は無量無辺なり。しかれども、もろもろの有情《うじょう》を憐愍《れんみん》せんが為の故に、光を摂めて常に照すこと、面《おもて》よりおのおの一尋なり。(一二七ページ)

これも顕著に大乗仏教的な思想である。「アミターバ(無量光)仏」という観念も、こういう見解を受けて成立したのであると考えられる。

〔31〕

三十一には、世尊の身相は脩《なが》く広くして端厳《たんごん》なり。（一二七ページ）

漢訳では「十七には身長、人に倍す」というが、これはパーリ文のうちには相当文が認められない。しかし仏の身体が「長大」であるということは、伝統的保守的仏教で一般に認められていた。

〔32〕

三十二には、世尊の体の相は、縦広の量等しくして周帀《しゆうそう》円満せること、尼物陀《にぐだ》〔＝nyagrodha〕の樹の如し。（一二七ページ）

パーリ文の注解では、第十九の特徴として、「ニヤグローダ樹（バニヤンの樹）のように円く（＝平均がとれていて）、その身体の高さは両手をひろげた長さに等しく、その両手をひろげた長さはその身体の高さ（＝身長）に等しい。」といい、漢訳には、「十九には、身〔体〕の長さと広さとは等しくして、尼拘盧《にぐる》（＝nyagrodha）樹のごとし」、頌には、「尼倶類《にぐる》樹の如く、縦と広さと正しく平等なり」という。仏の身体がバニヤンの樹のごとくであるということは、伝統的保守的仏教一般に認められていた。

インドでは一般に、バニヤンの樹は高さも横の長さ（枝の繁茂したひろがり）も等しいと考えられていた。しかしこの規定は、仏像の造立には用いられなかった。もしもそのような人が実在したら、恐ろしく不恰好であろう。

〔33〕

三十三には、世尊《せそん》の容儀《ようぎ》は洪満《こうまん》にして端直《たんじき》なり。〈瑜伽《ゆが》に云く、「疾病の者に於て、卑屈して瞻侍《せんじ》し、良薬を給施せしが故に、身の僂曲《るこく》ならざる相を得たり」と〉（一二八ページ）

パーリ文の注解には、第十五の特徴として、次のように述べる。「崇高な真っ直ぐな姿勢をしている（Brahm'ujju-gatta）」。これに対応する文章は、漢訳の散文の部分には出てこない。しかし頌のうちに、「身正しくして傾斜せず」というのが、これに対応するであろう。

〔34〕

三十四には、如来の陰蔵《おんぞう》は平なること満月の如し。金色の光ありて、猶し日輪の如く、金剛の器の如く、中外倶《とも》に浄し。（一二八ページ）

パーリ文の注解には、第十の特徴として、「陰処が被いの中にかくされて、（外からは見えない）」と延べ、漢訳には、「九には、陰馬蔵《おんめぞう》」とあり、頌には、「如来には未曾有の秘密なる陰馬蔵あり」という。

つまり男性の性器が体内におおい隠されていて、外からは見えない。ちょうど馬の場合のように、というのである。

〔35〕

三十五には、世尊の両足、二の手の掌中、項《うなじ》、及び双《ふたつ》の肩の七処は、充ち満てり。（一二八ページ）

パーリ文の注解には、第十六の特徴として、「七つの場所がふっくらと高まっている。(satt'ussada)」をあげ、漢訳には、「十八には、七処平満なり」という。ussada というのは、はっきりしない語であるが、リス・デーヴィッズは、"He has the seven convex surfaces" と訳している。その意味は、七つの場所とは「二つの手の甲と、二つの足の甲と、両肩の頂きと胴体」のことであり、「これらの七つの場所では、かれの肉がもり上がって、充満している」という。(*Sumaṅgalavilāsinī*, p. 448)

〔36〕

三十六には、世尊の双の腨《はぎ》、漸次に繊《ほそ》く円きこと、翳泥耶《えいでいや》 (aiṇeya 羚羊の一種) 仙鹿《せんろく》王の腨の如し。膊《ひざがしら》の鉤鎖《こうさ》の骨の、盤結せる間よりもろもろの金光を出す。(一二八ページ)

パーリ文の注解には、第八の特徴として、「鹿のような脛がある」をあげ、漢訳には、「七には鹿のごとき膊腸上下して傭直なり」といい、頌には、「鹿のごとき膊腸繊傭なり」という。

ブッダゴーサによると、「肉が盛りあがっていて膝の関節が円くなっている。肉の塊が一方的に縛せられているのではない。肉があまねく存する」、「すなわち稲穂や麦の穂のような脛をもっている」という意味である (sāligabbha-yavagabbha-sadisāhi jaṅghāhi samannāgato ti attho)。

gabbha（= Sanskrit：garbha）という語は、植物の穂を意味することもある。稲の穂を sāligabbha（= Sanskrit：śāligarbha）、麦の穂を yavagabbha という。

〔37〕

三十七には、世尊の足の跟《くびす》は広く長く円満して、趺《あなうら》と相称《かな》ひ、もろもろの有情に勝れり。（一二八ページ）

パーリ文の注解には、第七の特徴として、「足の踝《くるぶし》が円くされた螺貝のようになっている」をあげ、漢訳の頌には、「足跟に高下無し」という。

リス・デーヴィッズは、"His ankles are like rounded shells" と訳す。ブッダゴーサによると、このほうが動作を柔軟に楽になし得るからである、というが、リス・デーヴィッズは、坐禅を組むときに、このようなかたちであるほうが望ましいのであると解する。たしかにそのほうが踝が痛くないであろう。ブッダゴーサは ussankha を「踝が上方に安住していること」（uddhaṃ patiṭṭhitagopphakatta）と解する。

〔38〕

三十八には、足の趺《あなうら》は脩《なが》く高きこと、猶し亀の背の如し。柔軟妙好にして、跟《くびす》と相称へり。〈瑜伽に云く、「足の下の平満なると、千輻輪《せんぷくりん》と、繊《ほそ》く長き指との三の相を感ずる業は、惣じて能く跟と趺との二の相を感得す。これ前の三相の依止《えじ》する所なるが故に」と〉（一二八ページ）

パーリ文の注解によると、第一の特徴として、「足が安定している。この子の足が安定しているということは、かれにとって偉人の相なのである」と言う。

〈足が安定している〉というのは、歩くときに、爪先で歩いたり、かかとで歩いたり、あるいは爪先とかかとだけで中間に空隙をつくって歩くことはしないという意味に、パーリ文の注釈者は解している。

「他の人々は地に足をつけるときに、足うらの先の部分（aggatala）あるいはかかと（paṇhi = Vedic : pārṣṇi）あるいは横の部分（passa）を最初に地面に着けたり、あるいは（足のうらの）中間に空隙ができ、また足を挙げるときに、足うらの先の部分などのうち一部分が最初に上に挙がるようにすることがあるが、そのようにしてはならぬというのである。黄金の冠（? suvaṇṇapāṇikā）のうらのように、かれの足うら全体を地に着け、また一度に地面から上に挙げるのである」ここでは、奇妙な歩き方をしないで、教養ある人の歩み方をなせ、と教えているのである。心がけの問題である。

ところが後代になると、「足のうらが平らである」、つまり、扁平足（flatfoot ; splayfoot）の意味に解した。生理的・物理的な特徴に転化したのである。ブッダが神格化されれば、人間としての「心がけ」の問題ではなくて、人間とはちがった生理的・物理的構造をもったものと解するようになった。三十二相のうちの第一が、人間的なものから超人的妖怪的なものに変わってしまったのである。

その転向がすでに漢訳のうちに認められる。上の箇所に対応する漢訳『長阿含経』巻一には、「一には足は安平なり。足の下は平満にして地を踏むに安隠なり」、頌には、「善く住して、柔軟なる足あり、地を踏むも跡現れず」という。これらを総合すると、足のうらが平らである、というから、今日の扁平足にあたるのであろう。扁平足は、足の裏が平らで、土踏まずがほとんどない足をいう。さらに「跡現れず」というから、足の裏がふっくらしているということも含めているのであろう。

〔39〕

三十九には、如来の身の前後左右及《およ》び頂の上には、おのおの八万四千の毛ありて生え、柔潤・紺青にして、右に旋りて宛転せり。或は次に、応《まさ》に広く観ずべし。一々の毛端に百千万の塵数の蓮華あり。一々の蓮華に無量の〔化〕仏を生じ、一々の化仏は、もろもろの偈頌《げじゅ》を現《げん》じて声々《しょうしょう》相次《あいつ》げること、猶し雨の滴《したたり》の如し。（一二九ページ）

パーリ文の注解のうちには、これに相当する文句は見当らない。

〔40〕

四十には、世尊の足の下に千輻輪の文《あや》あり。輞轂《もうこく》衆相、円満せざることなし。（一二九ページ）

パーリ文の注解のうちには、「足の裏には輪が生じているが、それには千の輻《や》があり、轂《こしき》あり、すべての立派な相をそなえている。足の裏には輪が生じているが、それには千の輻が

千輻輪相　釈尊の32相のひとつで，両足の裏に輪相が見える。マトゥラー出土，２世紀頃，マトゥラー博物館蔵（『ブッダの世界』より，丸山勇撮影）

あり、周辺の縁《ふち》があり、轂あり、すべての立派な相をそなえている。この王子の足の裏に輪が生じているが、それには千の輻があり、轂があり、すべての立派な相をそなえているということは、かれにとって偉人の相なのである。」とあり、漢訳には、「二つには、足の下の相輪は、千の輻《や》が成就して、光と光と相ひ照す」、頌には、「千の輻の相が荘厳にして、光色、具はらざるなし」と言う。

〔41〕 四十一には、世尊の足の下に平満《びょうまん》の相《そう》あり。妙善にして安住せること、猶し奩《くしげ》の底の如し。地は高下なりといへども、足の踏む所に随ひて、皆悉く坦然《たんねん》にして、等しく触れざることなし。〈大経に云く、「戒を持ちて動ぜず、施心移らず、実語に安住せるが故に、この相を得たり」と云々。その足の柔軟《にゅうなん》にして、もろもろの指の、繊く長く、鞔網《まんもう》具足して、内外に握る等の相、及び業因《ごういん》は、前の手の相に同じ〉（一二九ページ）

パーリ文の注解においては、第三の特徴として、「足のかかと（paṇhi）が広くて長い」といい、漢訳には、「六には足跟の充満して〔他人がそれを〕観視するに厭ふことなし」とある。くるぶしがふっくらとふくらんでいて、円満なかたちであることをいうのであろう。

ところがリス・デーヴィッズは *Sumaṅgalavilāsinī*（vol. II, p. 446）にしたがって、「かかとが突出している」"……has projecting heels"（*Dialogues of the Buddha*, II, p. 14）と解する。このパーリ文注解によると、もしもこの偉人の足裏が四つの部分に分けられるならば、二つの部分は爪先と足うらで占められ、一つの部分は脛の下にあり、残りの部分が後に向って突出しているのだという。

しかし漢訳「大本経」は、かかとがふっくらしていて、踵《くびす》などのいかつい形が見られないという意味にとっている。

〔42〕

四十二には、広きを楽《ねが》ふ者は応に観ずべし。足の下及び跟にはおのおの一の花を生じ、もろもろの光を囲繞《いにょう》して十帀《そう》を満足せり。花と花と相次ぎ、一々の花の上に五の化仏あり、一々の化仏は五十五の菩薩を以て侍者となせり。一々の菩薩の頂には摩尼《まに》〔＝maṇi〕珠《しゅ》の光を生ず。この相現《そう》ずる時、仏のもろもろの毛孔《もうく》より八万四千の微細《みさい》の小光明を生じ、身の光を厳飾《ごんじき》して、極めて可愛《かあい》ならしむ。この光、一尋《いちじん》なるも、その相は衆多なり。乃至、他方のもろもろの大菩薩、これを観ずる時は、この光随ひて大いな

り。（一二九〜一三〇ページ）

これに相当する文句はパーリ文の注解のうちには見当らない。ここには明らかに大乗仏教の影響が認められる。

なおパーリ文には次の特徴が挙げられている。第十二の特徴として、「皮膚が柔軟であり、皮膚が柔軟であるが故に、塵埃が身体にくっついて汚すことが無い」、漢訳には、「十四には、皮膚細軟にして塵穢を受けず」といい、頌には、「俗に順って流行すと雖も、塵土もまた汚さず」という。

パーリ文の注解には、「蓮の葉から水滴が落ちるように汚れがくっつかないのである。ところで（ブッダが）手を洗ったりなどのことをするのは、気分を爽快ならしめるため、また（水を）与えた人々に功徳を積ませるためである。……修行僧がベッドに入るときには、（手などを）洗って入らねばならぬ、という意味である」とある。

ところが源信はこれを挙げていない。恐らく大乗仏教の教理から見ると、仏の身体に塵汚れがつかないというのは、あたり前だと考えて、源信（または源信以前の人）がこれを省略してしまったのであろう。

パーリ文では、最後に、まとめの文章として、「三十二の〈偉大な特徴〉をそなえているのである」とあり、漢訳では、「これを三十二相と為す」という。

以上の検討によって明らかなように、「三十二相」という語は、パーリ文「マハーパダーナ＝スッタンタ」にも、漢訳「大本経」の散文（長行）の部にも、また韻文（頌）の部にも出てくるが、三十二としてどれどれを数えたかという内容は、必ずしも同一でない。だから「三十二」という数が先に立てられて、その内容はいろいろに伝えられたのであろう。

三十二相のうち、外から見えないものが二つある。それは陰馬蔵相と広長舌相であるという。

インドでは、古代から今日に至るまで八または十六という数を好むので、図案でも八または十六の数を示しているものが多い。三十二は両者の倍数であるので、インド人は特にこの数を取り出したのであろう。

次に仏教における伝統的解釈を知るために、『倶舎論《くしゃろん》』に述べられた三十二相論を紹介しよう。

三十二相はもろもろの転輪聖王にもあるが、仏に存するもののほうが一層すぐれている、とヴァスバンドゥはいう。

「〔問い〕諸々の転輪聖王は他の諸王とどこが異なるのであるか。

〔答え〕他の点でも異なっている。すなわちもろもろの転輪聖王には偉人の三十二相（dvātriṃśan-mahāpuruṣa-lakṣaṇāni）が存する。諸々の仏に三十二相が存するのと同様である。

（仏の三十二相は）適当な処にあり、明らかにはっきりしていて、完全であることによって、（三十二相に関しては）ムニ（＝仏）のほうが勝れている。

諸々の仏の（三十二）相のほうが一層適当な場所にあり、一層明らかにはっきりしていて、一層完全である。それゆえにもろもろの仏のほうがこの点で勝れている。」

パーリ文の聖典では転輪聖王にも仏にも三十二相があると説いていたのに、ここではそれを承認しながらも、仏の三十二相の方が優れている、という。すなわち、最初の時期には仏はまだ偉人（転輪王）と肩を並べるものであったが、ここでは仏の地位がさらに高められて、偉人以上とされ、神格化されたのである。(一)

ところが源信は、伝統的保守的仏教の三十二相だけでは満足することができなかった。大乗仏教の、発達したブッダ観をいろいろ取り入れて、ついに四十二の特徴を立てたのである。大乗仏教一般でも、まとめて言うときには三十二相としてまとめるのが普通であるから、四十二の特徴としてまとめたのは源信の独創であろう。そうして源信は大乗仏教的な解釈を縦横に施している。

（一）　以上は、Mahāpadāna-suttanta (*DN.*, XIV) と、それに相当する漢訳『長阿含経』第一巻「大本経」（『大正新脩大蔵経』一巻一ページ以下）にもとづいて、三十二相の内容を紹介し、検討したのである。その原文に関する詳しい検討は、中村元編著『ブッダの世界』（学習研究社、昭和五十五年、四八三～四九二ページ）に詳論しておいたから、ここでは省略する。

2　惣相観

「惣相観」とは、仏のすがたを全体的に観察する方法である。

『観無量寿経』（『大正新脩大蔵経』一二巻三四〇ページ下〜三四六ページ中）には十六種の観想を説いている。その内容は、

(1)日没を観想して、西方の極楽を想う日想観
(2)水や氷のすがたを観想して、極楽の大地の瑠璃のようなきらめきを想う水想観
(3)水のすがたを観想して、さらに明らかにそのすがたを捉え、それによって、極楽の大地を観想する地想観
(4)極楽の樹々の宝玉をちりばめた、きらきらとしたすがたや、その不思議なはたらきを観想する樹想観
(5)極楽の池のすがたを観想する池想観
(6)極楽の建物を観想する楼閣観
(7)阿弥陀仏の蓮華の座を観想する宝座観
(8)仏像を観想して阿弥陀仏を想う像想観
(9)阿弥陀仏の真実のすがたを観想する真身観
(10)観音を観想する観音観

(11)勢至を観想する勢至観
(12)あまねく仏・菩薩・浄土などを観想する普観
(13)仏の真身や仏像など、さまざまな仏のすがたをまじえて観想する自在身観
(14)上品三生を観想する上観
(15)中品三生を観想する中観
(16)下品三生を観想する下観

の十六である（なお観名は『阿弥陀経略記』〔『大日本佛教全書』佛書刊行会編、三一巻二五六ページ下〕に見える）。

　ところが源信はこれを詳説することなくただ「また観経には、十六観を以て往生の因となせり」（二五八～二五九ページ）と言うだけである。この経典そのものの説く観想さえも、かれは煩わしいと思って、どけてしまったのである。

　こういう立場に立って、源信は、次に惣相観を説いている。

　惣相観とは、まず前の如く、衆宝の荘厳せる広大の蓮華を観じ、次に阿弥陀仏の、華の台《うてな》の上に坐したまへるを観ぜよ。（一三一ページ）

これは、アミターバ仏を、個々の特徴によってではなく、全体として観想せよ、というのである。

　身の色は百千万億の閻浮《えんぶ》檀金《だんごん》の如く、身の高さは六十万億那由他《なゆた》恒河《ごうが》沙由旬《しやゆじゆん》なり。眉間

の白毫《びやくごう》は、右に旋りて婉転《えんてん》せること五の須弥山《しゅみせん》の如く、眼は四大海の水の如くして、清白分明なり。身のもろもろの毛孔より光明を演べ出すこと須弥山の如く、円光は百億の大千界の如し。光の中に無量恒河沙の化仏《けぶつ》あり、一々の化仏は無数《むしゅ》の菩薩を以て侍者となす。かくの如く八万四千の相あり。一々の相におのおの八万四千の随好《ずいこう》あり。一々の好にまた八万四千の光明あり。一々の光明、遍く十方世界を照し、念仏の衆生を摂取して捨てざるなり。当《まさ》に知るべし、一々の相の中におのおの七百五倶胝《くてい》六百万の光明を具へ、熾然赫奕《しねんかくやく》として神徳巍々《じんとくぎぎ》なること、金山王《こんせんのう》の大海の中にあるが如く、無量の化仏・菩薩、光の中に充ち満ちて、おのおの神通《じんずう》を現じ、弥陀仏を囲遶《いにょう》せるを。かの仏、かくの如く無量の功徳《くどく》・相好《そうごう》を具足《ぐそく》し、菩薩の衆会《しゅえ》の中にありて、正法《しょうぼう》を演説したまふ。行《ぎょう》者《じゃ》、この時、都《すべ》て余の色相《しきそう》なく、須弥《しゅみ》〔＝Sumeru〕・鉄囲《てっち》、大小の諸山《しょせん》も悉く現れず、大海・江河・土地・樹林、悉く現れず。目に溢《あふ》るるものは、ただこれ弥陀仏の相好なり。世界に周遍せるものは、またこれ閻浮檀金《えんぶだんごん》の光明なり。譬へば、劫水《こうすい》の、世界に弥満《みまん》せるに、その中の万物《まんもつ》は沈没《ちんもつ》して現れず、滉瀁浩汗《こうようこうかん》として、ただ大水のみを見るが如く、かの仏の光明も亦またかくの如し。高く一切世界の上に出て、相好・光明、照曜《しょうよう》せずといふことなし。行者は心眼《しんげん》を以て己《おの》が身を見るに、またかの光明の所照の中にあり。（一三一～一三二ページ）

これは主として『観無量寿経』に説く第九の真身観の文章によっているのである。

その教説によると、

「この観想ができたならば、次にはさらに無量寿仏《むりょうじゅぶつ》の身相と光明とを観想するのだ。アーナンダよ、まさに知れ。無量寿仏の体は百千万億のヤマ天を彩るジャンブー河産の黄金の色のようである。仏の身の高さは六十万億・百万のガンジス河の沙の数ほどに無量のヨージャナである。眉間の白い旋毛（せんもう）は右廻りに優雅に回転し、スメール山が五つ並んだようである。仏の眼は四大海の水のようであり、青さと白さとがはっきりと分れて見える。体のすべての毛孔から光が出てスメール山のようである。かの仏の円光は百億の三千大千世界のようである。円光の中に百万億・百万のガンジス河の沙の数にひとしい化仏《けぶつ》があり、一々の化仏にまた無量無数の化《け》ぼさつがあって侍者となっている。無量寿仏には八万四千の相があり、一々の相に各々八万四千の小相があり、一々の小相にまた八万四千の光明があり、一々の光明はあまねく十方の世界を照らして、仏を念ずる生ける者どもをおさめ取って捨てられることがない。その光明《こうみょう》・相好《そうごう》・化仏はつぶさには説明することができない。ただ観想して心の眼で見るの他はない。このことを観る者は、十方の一切の仏たちを観ることになる。仏たちを観るのであるから、〈仏を念ずることによる心の安らぎ〉と名づけるのである。この観想を行なうのを〈すべての仏たちの体の観想〉と名づける。仏の体を観ることは、また、仏の心を観ることになる。仏の心とは大慈悲心である。無条件の慈《いっく》しみを以てもろもろの生ける者たちをおさめ取られるのだ。この観想を行なう者は、死後に仏たちの前に生まれて、〈諸の事物には自我というものがなく、生ずることもない、と認容し得るような精神状態〉に達するのだ。それ故、智慧ある人は心を集中し、心して無量寿仏を観想すべきである。無量寿仏を観想しようとする者は一つの相好から入って行くことだ。ただ眉間の白い旋毛を観想して、その映像がきわめてはっきりしているようにする。眉間の白い旋毛を観想する者には、（その他の）八万四千の相好が自然に観想の中に現われて来るであろう。無量寿仏を観る者は、すなわち、十方の無量の仏たちを観ることになる。無量の仏たちを観ることができるのであるから、仏たちの面前で未来に仏となるという予言を受けることになる。これが〈あまねく一切の体や形を観る観想〉であり、〈第九の冥想〉と名づけるのだ。この観想を行なうのを正しい観想と名づけ、これ以外の観想を行なうのを間違った観想と名づけるのだ。」（『浄土三部経』下、二二～二三ページ）

ここで源信は、仏の大光明がひろがるのは、世界破滅のときの大洪水の場合の水のごとくであるというが、『大無量寿経』には非常に詳しい説明が述べられている。

「アーナンダ長老がこのように言ったら直ちに、かの尊敬さるべき人・正しく目ざめた人・無量光如来は、自分の掌からこのような光を放たれ、これら百千億・百万の仏国土はその大いなる光明によって照らされた。またその時に、百千億の仏国土のすべてにある、カーラ山（黒山）や、宝石の山や、スメール山（須弥山）や、大スメール山や、ムチリンダ（山）や、大ムチリンダ（山）や、チャクラヴァーダ（鉄囲山）や、大チャクラヴァーダ（山）や、あるいは、人間や天人の諸建築である壁や、柱や、木々や、森や、庭園や、宮殿などの一切は、その如来の光明によって照らし出され、威圧せられた。たとえばある人が、太陽が昇ったときに、たった一尋《ひろ》の距離のところに第二の人を見るように（そのようにはっきりと）、この仏国土において、修行僧や、尼僧や、在家信者や、在家信女や、天人や、竜や、ヤクシャ（夜叉）や、ラークシャサ（羅刹）や、ガンダルヴァや、アスラや、ガルダ鳥や、キンナラ（人非人）や、マホーラガや、人間や、非人たちは、そのときに、目ざめた人の威力によって、その光が清浄であるために、一切の国土から超出している山の王スメール山のように一切の方角に覆いひろがって光り、輝き、照らし、光りを放つかの尊敬さるべき人・正しく目ざめた人・無量光如来と、かの大いなる求道者団と、修行僧団とを見た。たとえばこの大地に洪水があったら、大地は一面泡立つ海となり、海の他はここには木も、山も、島も、草も、灌木も、薬草も、森の巨大な木も、川も、深い谷も、断崖も知られないように、かの仏国土においては、一尋の光明ある、教えを聞くのみの修行者たちと、百千億・百万の光明ある求道者たちの他には、いかなる標識も、特徴もないのだ。そして、かの尊敬さるべき人・正しく目ざめた人・無量光如来が、かの教えを聞くのみの修行者団と、かの求道者団とを威圧して一切の方角を照らされるのが見られるのだ。またそのとき、かの〈幸あるところ〉という世界にいる一切の求道者たちや、教えを聞くのみの修行者たちや、天人たちや、人間たちは、すべて、この現実の世界を見、また、尊敬さるべき修行僧団にとりまかれて法を説いておられるシャーキヤ族出身の聖者・如来・尊敬さるべき人・正しく目ざめた人を見るのだ。」（『浄土三部経』上、一〇三〜一〇四ページ）

浄土経典の作者はただこれだけしか考えていなかったのであるが、源信は天台の学僧であったから、教義学的に一応の説明を加えねばならぬ。そこでここに説かれているアミターバ仏は、法身・報身・応身の三つを一身にそなえている仏だという、

　或は応《まさ》に観ずべし。かの仏はこれ三身一体《さんじんいったい》の身《しん》なり。（一三二ページ）

仏教一般の教義学によると、アミターバ仏は「報身《ほうじん》」の一つである。報身とは、過去の修行により功徳を積んだ報いを楽しんでいるブッダの完全なすがたであり、あらゆる美徳を具えた理想的な完全な人格を表現している。ところが源信によると、言語表現や概念的思惟を超越したものである「法身」も、この世で人々を救い助けるすがたの「応身」も、すべて、アミターバ仏であるということになると、これは論理的には既成仏教教学の破壊である。だから、かれは控え目に、ひそかに記しているだけであるが、この寸言は注目すべきである。

阿弥陀仏が変現自在であるということは、『観無量寿経』その他の経にも説かれている、と源信はいう。（一三三ページ）

「アミタ仏には自由自在な超自然的能力があって、十方の国において自由自在に変化出現される。あるいは大いなる体をあらわして虚空一杯となり、あるいは小さな体をあらわし

て一丈六尺、または八尺となられる。あらわされる形はみな金色である。円光の中の化身の仏、および宝石の蓮花は先に説いた通りである。アヴァローキテーシヴァラとマハースターマプラープタとは、あらゆる所で身のたけが同じである。生ける者どもは、首の部分の特徴を見て、これはアヴァローキテーシヴァラであると知り、これはマハースターマプラープタであると知る。この二ぼさつはアミタ仏を助けてあまねく一切の者たちを教化するのである。これが〈雑多の観想〉であり、〈第十三の冥想〉と名づけるのだ。」(『浄土三部経』下、二七ページ)

源信はこういう文章などを参照して書いたのだというが、観音や勢至をも観想すべしという『観無量寿経』の教えを省略している。

この三身一体の理論を基礎づけるために、源信は、両刀論法にたよる高度の哲学的議論を展開している。

また陰入界《おんにゅうかい》に即して、名づけて如来となすにあらず。かのもろもろの衆生は、皆悉くこれあるが故に、陰入界を離れて、名づけて如来となすにもあらず。これを離るれば、則ちこれ無因縁の法なるが故に、即にもあらず、また離にもあらず。寂静《じゃくじょう》にしてただ名のみあり。この故に当《まさ》に知るべし。所観の衆相《しゅそう》は、即ちこれ三身即一《さんじんそくいつ》の相好・光明なり。(一三三ページ)

これは、仏教の大哲学者ナーガールジュナ(竜樹)が好んで用いた両刀論法である。

「修行実成者（如来）は、個人存在の構成要素（五蘊）そのものではなく、構成要素と異なるものでもなく、如来のうちにもろもろの構成要素があるのでもなく、またそれらのもろもろの構成要素のうちに如来があるのでもなく、如来がそれらの構成要素を所有しているのでもない。」（『中論』二二・一）

「もしもろもろの構成要素を執着して取ってブッダが成立しているのであるならば、ブッダはそれ自体としては存在しない。」（同、二二・二）

「個人存在のもろもろの構成要素を執着して取ることがなければ、いかなる如来も存在しない。」（同、二二・六）

源信は高度の思弁にも通じていたのである。源信は『中論』を実際に読んでいたが、その論理を、絶対者にまで高められたアミターバ仏を基礎づけるために用いたのである。

3　雑略観

次に源信は雑略観《ぞうりやくかん》なるものを説いている。

すでに述べた別相観は、あまりにも仏を巨大なものとして思い浮べるものであるから、凡夫の及び難いものである。殊に日本人にはなじまない。細部まで想像しようとすると、かえって心が散ってしまう。また惣相観に説くところは、あまりにも哲学的である。

そこで、源信は、白毫相の念仏を勧める。白毫《びやくごう》とは、仏の眉間にあって、白い毛の集まったところである（本書一六二ページ参照）。かれは、この念想のしかたを「雑略《ぞうりやく》観」(一)と呼んだのである。

（一）「雑略観」とは、特定の特徴を観察する方法である。「雑」という漢字は、「混雑」「雑駁《ざつぱく》」を連想し易いが、仏典では、「いろいろのものを（なにか一つに）結びつける。まとめる」という用法がある（例えば、『雑《ぞう》阿含経』Samyuktāgama の「雑《ぞう》」は「事項ごとにまとめた」という意味である）。この解釈に従うと、「雑略」は「ざつりやく」ではなくて、「ぞうりやく」と読んだ方がよいであろう。

雑略観《ぞうりやくかん》とは、かの仏の眉間に一の白毫あり。右に旋りて宛転せること、五須弥の如し。中に於て、また八万四千の好あり。一々の好に八万四千の光あり。その光微妙《みみよう》にして、衆宝の色を具せり。惣じてこれを言はば、七百五倶胝六百万の光明あり。十方面に赫奕《かくやく》たること、億千の日月の如し。その光の中に一切の仏身を現じ、無数の菩薩、衆会《しゆえ》して囲遶《いによう》せり。また微妙《みみよう》の音を出し、もろもろの法海を宣暢《せんちよう》す。かの一々の光明、遍く十方世界を照し、念仏の衆生を摂取して捨てず。我もまたかの摂取の中にあり。煩悩、眼を障《さ》へて、見ることあたはずといへども、大悲、倦《ものう》きことなくして、常にわが身を照したまふ。

或は、応《まさ》に自心《じしん》を起して極楽国に生じ、蓮華の中に於て結跏趺坐《けつかふざ》し、蓮華の合する想を作すべし。尋《つ》いで、蓮花の開く時、尊顔《そんがん》を瞻仰《せんごう》し、白毫《びやくごう》の相を観《み》たてまつるに、時に五百色の光ありて、来りてわが身を照し、即ち無量の化仏・菩薩の、虚空《こくう》の中に満てるを見、水鳥・樹林、及与《およ》び、もろもろの仏の出す所の音声、皆妙法を演《の》ぶと。かくの如く思想して、心をして欣悦《ごんえつ》せしめよ。願はくは、もろもろの衆生と共に安楽国に往生せん。（一三三～一三四ページ）

ここには、源信自身が強調したい観想が述べられているのである。その趣旨は、次のごとくであったと考えられる。——凡夫は、無量寿仏の極楽浄土全体を想像することは困難であろう。それでは無量寿仏のすがたのみを観想せよ。しかしまた無量寿仏のすがたを全体として観想することは、やはり困難であるかもしれない。それではこの仏の白毫だけを観想せよ。これだけなら凡夫でもできるであろう——と。

この一節は源信自身の文章で、確信を以て述べられている。他の箇所は、経文の引用ばかりで、かれは控え目に付言しているだけであるが、ここには源信自身の信仰と人格とがありありと表明されている。

この一節は、後代の日本の浄土教にとっては非常に重要である。「念仏の衆生を摂取して捨てず」という『観無量寿経』の文句は、日本ではあまねく一般化し、また「我もまたかの摂取の中にあり。煩悩、眼を障へて、見ることあたはずといへども、大悲、倦《ものう》きことなくして、常にわが身を照したまふ」という一文は、親鸞の『正信偈《しょうしんげ》』の中にくみ入れられて、常にとなえられている。その感化影響は大きい。

ところで源信は、右の一節は、『観無量寿経』『華厳経』に依って書いたというが、学者の指摘するその原文（『観無量寿経』）と対比してみよう。

「次には仏《ほとけ》を観想するのだ。それは何故かというと、諸の仏・如来たちは、存在するものすべてを身体とするものであり、すべての生ける者どもの心想の中に入って来るからである。それ故に、あなたたちが心に仏を観想するとき、この心がそのまま仏の三十二の大相《だいそう》であり、八十の小相《しょうそう》なのだ。この心が仏を作り、この心がそのまま仏なのだ。智慧海のごときもろもろの仏たちは心想から生ずる。それ故に、一心に思念を集中し、心してかの仏・如来・尊敬さるべき人・正しく眼覚めた人を観想するのだ。かの仏を観想しようとする者は、まず、その像を観想しなければならない。眼を閉じているときにも、眼を開いているときにも、ジャンブー河産の黄金の色のような宝石の像が花の上に坐しているさまを観想するのだ。像の坐しているさまを見終ったならば、心の眼が開けて、〈幸あるところ〉という世界の七種の宝石に飾られた、宝石の大地・宝石の池・宝石の木が並び、その上を天人たちの宝石の幕が覆い、さまざまな宝石を鏤《ちりば》めた網が虚空にいっぱいであるのを一つ一つ、はっきりと観る。これを観ること、掌の中を見るようにその映像をはっきりと観るのである。」（『浄土三部経』下、二〇～二一ページ）

次いで、この経典は、観世音菩薩と大勢至菩薩を念ずべきことを教える。

「このことを観終ったならば、さらに一つの大きな蓮花《れんげ》を仏の左に観想するのだ。それは前に述べた蓮花と全く同様であって異なるところはない。また一つの大きな蓮花を仏の右に観想するのだ。アヴァローキテーシヴァラ（観世音）ぼさつの像が左の花の座に坐っていると観想するのだ。この像が金色の光を放つことは前と同様であって異なるところはない。また、マハースターマプラープタ（大勢至）ぼさつの像が右の花の座に坐っていると観想するのだ。」（同、下、二一ページ）

そうしてこの観想をまとめて言う、

「この観想ができると仏とぼさつの像はみな光明を放つ。その金色の光はもろもろの宝石の木々を照らす。一つの木の下にまた三つの蓮花があり、これらの蓮花の上にはそれぞれ、一つの仏の像・二つのぼさつ像があって、かの仏国土にあまねく満ち満ちている。この観想ができるようになったとき、この観想者は、水流も光明も、さまざまな宝石の木々も、鵞鳥《がちょう》も雁《がん》も鴛鴦《おしどり》も、みなすぐれた教法を説いていることに気づくであろう。冥想に入っているときにも、冥想から出たときにも、常にすぐれた教法《きょうぼう》を聞くであろう。観想者は冥想から出たときに、冥想中に聞いたことを記憶していて忘れず、経典の記すところと照合してみるがよい。もし合していなかったならば、それは妄想と言うべきである。もし合していたならば、大まかな観想によって〈幸あるところ〉という世界を観たことになるであろう。これが〈像の観想〉であり、〈第八の観想〉と名づけるのだ。この観想を行なう者は、無量億劫《むりようおくこう》の間、かれを生と死に結びつける罪を免れ、この世に生きている間、〈仏を念ずることによる心の安らぎ〉を得ることであろう。」（同、下、二一〜二二ページ）

『観無量寿経』では、特に眉間の白毫相を念ぜよ、ということだけを述べているのではない。しかし単純な象徴にたよることを愛好する傾向のある日本人の一人であった源信は、白毫相を念ずるというしかたで単純化の方向を進めたのである。これが、もう一歩前進すると、口称《くしよう》念仏にたよるというかたちで単純化を徹底するに至ったのである。

さらに、『観無量寿経』では、先ず阿弥陀仏を観じ、次に観音菩薩と勢至菩薩とを同様に、複雑な思念を以て観ずべきことを説いている。それはヒンドゥー教における三神一体の観念と同じ軌道の上にあるものである。ところが、源信は阿弥陀仏のすがたを念ずべきことだけを説き、他の二菩薩を観ずることを省略してしまっている。ここに後代の日本における〈弥陀一仏〉の思想への道が敷設されていることを知り得る。

観音、勢至の観ずることを省いてしまったことを、源信自身が気づいていた。そこで次のような自問自答をしている。

問ふ。何が故に観音《かんのん》・勢至《せいし》を観ぜざるや。

答ふ。略の故に述べざりしも、仏を念じ已《おわ》りて後は、応に二菩薩を観ずべし。或は名号《みようごう》を称へよ。多少は意に随へ。（一三八ページ）

ところで大きな像を観想する必要があるかどうか、ということが、問題とされている。

問ふ。かの仏の真身は、これ凡夫の心力の及ぶ所にあらざれば、ただ応《まさ》に像を観ずべし。なんぞ大身を観ぜん。

答ふ、観経に云く、「無量寿仏は身量無辺なり。これ凡夫《ぼんぶ》の心力《しんりき》の及ぶ所にあらず。しかるに、かの如来の宿願力《しゅくがんりき》の故に、憶想《おくそう》することある者は必ず成就することを得。ただ仏の像を想ふすら無量の福を得。いはんやまた仏の具足せる身相を観ぜんをや。」と。

（一三五ページ）

そのもとづく原漢訳文を邦訳すると、次のごとくである。

「もし心から西方に生まれたいと願うなら、まず、一丈六尺の像が一つ、池の水の上にあると観想するのだ。先に説いたように無量寿仏は身の大きさが無限であるから、これは普通の人間の理解力を超えている。しかし、かの如来がかつて誓願を立てられたその力によって、（人間が）観想しさえすれば必ず観想できるようになっているのだ。ただ仏の像を観想するだけでも無量の福を得ることができるのであるから、ましてや、仏の具えられた体の特徴を観想した場合はなおさらのことだ。」（『浄土三部経』下、二七ページ）

もしも阿弥陀仏の信仰を強調すると、他の諸仏との関係はどうなるのか、ということが問題となるが、源信は、アミターバ仏と一切の仏とは同体であると説明している。極度に哲学的な解釈である。

問ふ。言ふ所の弥陀の一身は即ち一切仏の身なりとは、何の証拠ありや。

答ふ。天台大師の云く、「阿弥陀仏を念ずるは即ちこれ一切の仏を念ずるなり。故に花《け》厳《ごん》経に云く、「一切の諸仏の身は　即ちこれ一仏の身なり　一心・一智慧なり　力《りき》・無《む》

畏《い》もまた然り」と。」と。（一三五ページ）

この理論的根拠があるからこそ、白毫だけを観想せよ、という教えが成立するのである。

観経に云く、「無量寿仏を観ぜん者は一の相好より入れ。ただし眉間の白毫を観ぜんには、極めて明了《みようりよう》ならしめよ。眉間の白毫を見れば、八万四千の相好、自然《じねん》に当《まさ》に見るべし。」と。（一三六ページ）

この教えは、無量寿仏の身相を観ずるところの最後に述べられているのであるが、その原漢文の邦訳は次のようになる。

「無量寿仏を観想しようとする者は一つの相好から入って行くことだ。ただ眉間の白い旋毛を観想して、その映像がきわめてはっきりしているようにする。眉間の白い旋毛を観想する者には、（その他の）八万四千の相好が自然に観想の中に現われて来るであろう。」（『浄土三部経』下、二三ページ）

五　廻向門《えこう》

その要点は次のごとくである。

心に念《おも》ひ、口に言ひ、修する所の功徳と、及以《およ》び、三際《さんさい》の一切の善根とを〈その一〉、自他の法界《ほっかい》の一切衆生に廻向して、平等に利益《りやく》し〈その二〉、罪を滅し、善を生じて、共に極楽に生れて、普賢《ふげん》の行願《ぎょうがん》を速疾《そくしつ》に円満し、自他同じく無上菩提を証《しょう》して、未来際《みらいさい》を尽すまで衆生を利益し〈その三〉、法界に廻施《えせ》して〈その四〉、大菩提《だいぼだい》に廻向するなり〈その五〉。（一三八ページ）

宗教的な功徳を一切のものにふり向けるのである。ここでは宇宙と一体になることが、めざされている。

第五章　助念の方法（念仏をするときの助けとなる手段）

助念《じょねん》の方法とは、一目《いちもく》の羅《あみ》は鳥を得ることあたはざれば、万術もて観念《かんねん》を助けて、往生の大事を成ずるなり。（一四三ページ）

念仏をするときの助けとなる手段というのは、目が一つしかない網では鳥を捕えることができないので、あらゆる手段で観察を助けて、極楽往生という最も大切なことを達成するのである。

源信は、修行のときの心がまえを問題としている。

問ふ。既に知んぬ、修行には惣じて四相あることを。その修行の時の用心はいかん。

答ふ。観経に云く、「もし衆生ありて、かの国に生れんと願ふ者は、三種の心を発《おこ》して即便《すなわ》ち往生す。一には至誠心《しじょうしん》、二には深心《じんしん》、三には廻《え》向発願心《こうほつがんしん》なり。」と。（一四六〜一四七ページ）

経典によると、ただし、これは上品上生《じょうぼんじょうしょう》の者について説かれているのである。

「上品上生の者とは、生ける者どもの中で、かの仏国土に生まれたいと願って三種の心を起こし、往ってかの仏国土に生まれる者のことである。三つとは何であるか。第一は誠実な心であり、第二は深く信ずる心であり、第三は一切の善行の功徳を仏国土往生に振り向けてかの仏国土に生まれたいと願う心である。この三つの心を具えた者は必ずかの仏国土に生まれる。」（岩波文庫『浄土三部経』下、二七〜二八ページ）

これに対する善導の解釈は次のごとくである、と紹介する。

善導禅師の云く、「一に至誠心とは、謂《いわ》く、礼拝《らいはい》・讃歎《さんだん》・念観《ねんかん》の三業《さんごう》は必ず真実を須《もち》ふるが故に。二に深心とは、謂く、自身はこれ煩悩を具足せる凡夫《ぼんぶ》、善根《ぜんごん》薄少にして三界《さんがい》に流転《るてん》し、いまだ火宅《かたく》を出でずと信知し、いま弥陀の本弘誓願《ほんぐぜいがん》は、名号《みようごう》を称すること下《し》至《も》十声・一声等に及ぶまで、定んで往生することを得《う》と信知して、乃至《ないし》、一念も疑心あることなきなり。三に廻向発願心とは、謂く、所作《しよさ》の一切の善根、悉く皆廻向して、往生せんと願ふが故なり。この三心《さんしん》を具《ぐ》すれば、必ず往生することを得るも、もし一心をも少《か》かば、即ち生るることを得ず」と。（一四七ページ）

ところが源信は、この三心は人間一般にとっての問題であるとして、拡張解釈をしてしまった。

経の文は上品上生《じようぼんじようしよう》にありといへども、禅師の釈の如くは、理《り》、九品に通ず。余師の釈は具《つぶ》さにすることあたはず（一四七ページ）

ここに浄土教が普遍的宗教として展開する道が開かれたのである。

次に源信は、仏のすぐれた徳を見るようにといって、一つ一つ数え立てる。「応《まさ》に仏の奇妙の功徳を縁ずべし〈心を働かせよ〉」――「問ふ。なんらの功徳なるや。答ふ。その事、無量なり。略してその要を挙げん」（一五〇ページ）。こういって源信は、次々と二十の功徳を挙げるのである。

そのうち、光明のすぐれていることに触れた箇所は原文にたどり得るので、それを紹介しよう。

この仏はアミターバ（Amitābha 無限の光明ある者、無量光仏）と呼ばれるほどに、宇宙に光り輝くのである。それについて源信は言う、

光明の威神なり。謂く、平等覚経に云く、「無量清浄仏〈無量清浄仏とは、これ阿弥陀仏なり〉の光明は、最尊第一にして比《たぐい》なく、諸仏の光明の、皆及ばざる所なり。ある仏の頂の光明は七尺を照し、ある仏は一里を照し、ある仏は五里、ある仏は二十里、四十里、八十里、乃至百万の仏国、二百万の仏国なり。八方、上下、無央数《むおうしゅ》〈数限りないこと〉の諸仏の頂の光の照したまふ所、皆かくの如し。無量清浄仏の頂の中の光明は、千万の仏国を炎照《えんしょう》したまふ。」と。（一五三ページ）

「無量の光」ということについて、諸経典の説くところは、相違もあるけれども、趣意は同じであると言って、かれは、無量光仏の威神光明と多数の異名を挙げた『大無量寿経』の文章を引用する（一五三〜一五八ページ）。

無量光仏の光明のすばらしさについて、サンスクリット原文には、次のように言う。少し

長いが、無量光仏の偉大さをよく語っているると思われるので引用する。

「また、かの（如来の）光明は無量である。「（かの如来）は、これこれの仏国土、すなわち、これこれの数百もの仏国土、数千もの仏国土、数百千もの仏国土、数億もの仏国土、数百億もの仏国土、数千億もの仏国土、数百千億もの仏国土、数百千億・百万もの仏国土を照らしつつ住している。」といっても、その（光明の）際限を知ることは容易ではないのだ。しかしながら、アーナンダよ、要約して言うと、かの世尊・無量光の光明は、常に東方において、ガンジス河の砂の数にひとしい百千億・百万の仏国土を照らしている。このように南、西、北、上、下、諸の方角およびその中間の一一の方角において、あまねく、ガンジス河の砂の数にひとしい百千億・百万の仏国土を、かの世尊・無量光の光明は常に照らしている。ただ、過去の願いの威力によって、一ヴィヤーマ（尋《ひろ》）の（長さの）光、一、二、三、四、五、十、二十、三十、四十、五十ヨージャナの（長さの）光、百ヨージャナの（長さの）光、千ヨージャナの光、百千ヨージャナの光、乃至、数百千億、百万ヨージャナの光を以て世界を照らしつつ住している世尊・目ざめた人たちを除いて。アーナンダよ、それによってかの世尊・無量光如来の光明の量を理解できるような譬喩を示すことはできないのだ。

こういうわけで、アーナンダよ、かの如来はアミターバ（無量光）と言われるのだ。アミタ・プラバ（無量光明）、アミタ・プラバーサ（無量光照）、アサマープタ・プラバ（無辺光）、アサンガ・プラバ（無執着光）、アプラティハタ・プラバ（無礙光）、ニティヨートゥスリシタ・プラバ（常流出光）、サディヴィヤ・マニ・プラバ（天上の珠宝のごとき輝きを持つ光）、アプラティハタ・ラシュミ・ラージャ・プラバ（無礙光明王光）、ラージャニーヤ・プラバ（喜びをおこさせる光）、プレーマニーヤ・プラバ（愛情をおこさせる光）、プラモーダニーヤ・プラバ（歓喜をおこさせる光）、サンガマニーヤ・プラバ（統一をもたらす光）、サントーシャニーヤ・プラバ（満足をおこさせる光）、アニバンダニーヤ・プラバ（制止することのできない光）、アチンティヤ・プラバ（不可思議光）、アトゥリヤ・プラバ（たぐいなき光）、アビブーヤ・ナレーンドラブー・トライエーンドラ・プラバ（人王にうちかつ三つの生存領域の王の光）、シュラーンタサンチャイエーンドゥ・スーリヤ・ジフミーカラナ・プラバ（日月を威圧し暗からしめる光）、アビブーヤ・ローカパーラ・シャクラ・ブラフマ・シュッダーヴァーサ・マヘーシヴァラ・サルヴァデーヴァ・ジフミーカラナ・プラバ（自在を得て、護世天や帝釈天や梵天や浄居天や大自在天人や一切の天人の光をかげろわせる光）と言われるのだ。

また、かの光明は無垢であり広大であって、体に楽しみを生じ、心に歓喜を生じ、天人や、アスラ（阿修羅）や、竜や、ヤクシャ（夜叉）や、ガンダルヴァ鳥や、ガルダや、マホーラガや、キンナラや、人間や、非人の喜悦や歓喜や楽しみを作り出し、他の無辺際な諸の仏国土において、よい心を持った生ける者どもの、賢さと、善と、正確な知識と、巧みさと、覚りと歓喜とを作り出すのだ。

また、こういうわけで、アーナンダよ、如来が、宇宙の長い時期の間、光明に関して、かの無量光如来の名による働きによって説明したとしても、その光明の功徳の際限に達することはできない。また、如来の自信が断絶したりすることはないであろう。それは何故かというと、アーナンダよ、かの世尊・無量光如来の光明の功徳力と、如来の智慧と説得力（弁説）とは、両方ともに無量・無数・不可思議・無限であるからだ。」（岩波文庫『浄土三部経』上、四六〜四八ページ）

十六番めに、また仏は「衆生を悲念する」すなわち、あわれみ念じてまもる、ということを強調して多数の経文を引用しているが、そのうちの一つとして、言う。

荘厳論《しょうごんろん》の偈《げ》に云く、「菩薩は衆生を念じて　これを愛すること骨髄《こつずい》に徹り　恒時《ごうじ》に利益《りやく》せんと欲す　猶し一子の如きが故に」と。（一六六ページ）

これは大体サンスクリット原文と一致する。

「諸々《もろもろ》の衆生に対する求道者（菩薩）の愛情（preman）は大であって、骨髄に徹する。あたかもただ一人の子に対するようなものである。それ故に、つねに利益をなす、と言われる。」(*Mahāyāna-sūtrālaṅkāra*, XIII, 20, p. 88)

ここにいう愛情（preman）とは、インド一般に人間的な愛情をいう。また漢訳文では「愛」という字が「愛する」という動詞の意味に用いられていることも注目すべきであろう。

源信は総じて仏の徳を観ずべきこと、「惣観仏徳《そうかんぶつとく》」を強調する（第十九）。そうして次に『華厳経』の文句を引用する。

普賢《ふげん》菩薩の云ふが如し。「如来の功徳は、仮使《たとい》十方の一切の諸仏、不可説不可説の仏刹《ぶっせつ》〔＝buddhakṣetra 仏国土〕に、極微塵数劫《ごくみじんじゅごう》を経て相続して演説すとも、窮《きわ》め尽《つく》すべからず。」と。（一六九～一七〇ページ）

この文章は八十巻本だけにあって、サンスクリット原文を見出し得なかった。ともかくここでは仏一般を讃嘆しているのに、源信は、アミターバ仏の讃嘆の意に解している。そうして『大無量寿経』の文章を引用する。

また阿弥陀仏の威神《いじん》極りなきことは、双観《そうかん》経に云ふが如し。「無量寿仏の威神《いじん》極りなし。十方世界の無量無辺、不可思議の諸仏如来、称歎せざるはなし。」と。（一七〇ページ）

それのサンスクリット原文は次のごとくである。

「アーナンダよ、如来たちはこの道理を見て、十方の無量・無数の世界においてかの無量光如来の名を賞讃したり、ほめ讃えたり、名誉を宣揚したりするのだ。実にまた、十方の仏国土のそれぞれ一方においてガンジス河の砂の数にひとしい求道者たちは、かの無量光如来に見《まみ》えるために、敬礼をするために、近く仕えるために、問いをなすために、また、かの求道者団と、かの仏国土のみごとな特徴や装飾や配置とを見るために、（無量光如来

の）その仏国土に行くのだ。」（『浄土三部経』上、六五〜六六ページ）

漢訳文の最初の「無量寿仏の威神極りなし」という句は、サンスクリット原文にも他の諸訳にも見られない[二]。故に魏訳の訳者が挿入したものであろう。

（二）　南条文雄『仏説無量寿経梵文和訳、支那五訳対照』無我山房、明治四十一年、二〇一ページ以下参照。

最後に、さらに喜んで教えを求めるべきこと（「欣求教文」）をも説いているが、『大無量寿経』の次の文章を引用している。

双観経に云く、「たとひ大火の、三千大千世界に充ち満つることあらんも、要《かなら》ず当《まさ》にこれを過ぎて、この経法《きょうぼう》を聞き、歓喜《かんぎ》信楽《しんぎょう》し、受持《じゅじ》読誦《どくじゅ》して、説の如く修行すべし。所以はいかん。多く菩薩ありて、この経を聞かんと欲するも、しかも得ることあたはざればなり。もし衆生ありて、この経を聞かん者は、無上道に於て終に退転せず。この故に、応当《まさ》に専心に信じ、受持読誦して、説の如く修行すべし。」と。（一七一〜一七二ページ）

それのサンスクリット原文は次のごとくである。

「アジタよ、ここに、わたしは、天人および人間の前であなたたちに告げ、知らしめるのだ。この法門を聞くために火の充満した三千大千世界に入っても、時が経ってから、一念たりとも失望や後悔の念をおこしてはならない。それは何故かというと、実に、数億の求道者たちが、このような法門を聞かないために、この上ない正しい覚りから退いているからなのだ。それ故に、この法門を深い心で聞き、受持するために、体得するために、乃至、広く説くために、また、宣示し実行するために、いとも大いなる精進をはじめなければならないのだ。たとえ一昼夜の間でも、一度の乳しぼりの時間でも、書写行をなし、正しく書いて持っていなければならない。すみやかに無量の生ける者どもをこの上ない正しい覚りから退かない状態に安住せしめたり、また、かの世尊・無量光如来の仏国土を見、また、自分自身の仏国土のすぐれた、みごとな特徴や装飾や配置をとり入れたいと欲する者どもは、この法門が師であるという想いをおこさなければならないのだ。」(『浄土三部経』上、一一二ページ)

原文のほうが、インド人の生活に即して、「たとえ一昼夜の間でも、一度の乳しぼりの時間でも」といって、迫力があるように思われる。

また、世間の凡夫の嫉妬するすがたを述べていう、

双観経に云く、「今世《こんぜ》の恨意《こんい》は、微《すこ》しく相憎嫉《あいぞうしつ》すれば、後世《ごせ》には転《うた》た劇《はげ》しくして、大いなる怨《うらみ》と成るに至る。」と云々。(一七五ページ)

その趣意は、

「この世で怨みの心を抱いて、ほんの僅か憎悪し嫉妬したとしても、後の世では(それが)甚だしく大きな怨みに成長するのだ。」(『浄土三部経』上、八三ページ)

ということになるが、この一句はサンスクリット原文およびチベット訳に無いから、恐らく漢訳者の挿入であろう。

さらに、大乗経典を読誦する功徳の無量なることをたたえて、次の文章を引用している。

金剛般若論《こんごうはんにゃろん》の偈に云ふが如し。「福は菩提に趣《おもむ》かざれども　二は能く菩提に趣く　実に於ては了因《りょういん》と名づけ　余に於ては生因《しょういん》と名づく（一）」と。（一七七ページ）

この漢訳文ははなはだ短くて解り難いが、それの原文は、次のようになっている。

「〔この経典は〕（仏の）自性身（それ自体としての身体＝bodhi）に到達するための原因（＝了因 jñāpaka-hetu）であるが故に、またその他のもの（＝受用身と化身）を生ずるための原因（生因 janaka-hetu）であるが故に、ただ独り存するが故に、福徳を成立させることは、諸々の〈仏の徳性〉のうちでも最高のものである。（二）」

（一）　svābhāvikāptihetutvāt tadanyasya ca janmanaḥ/
kaivalyād buddhadharmāṇām agryatvaṃ puṇyasādhanam//
Triśatikāyāḥ Prajñāpāramitāyāḥ Kārikāsaptatiḥ, v. 17 (Giuseppe Tucci : *Minor Buddhist Texts*, I, Roma : Istituto Italiano per il Medio ed Estremo Oriente, 1956, p. [62])

（二）　宇井伯寿『大乗仏典の研究』岩波書店、昭和三十八年、三三六ページ以下参照。ただし右の括弧内の挿入は、わたくしの推定による。

また修行者の心がけを述べて、次の一文を引用している。

遺日摩尼《ゆいにちまに》経に説く、「沙門《しやもん》の、牢獄に堕するに、多くの事あり。或は人を求めて供養を得んと欲し、或は多く衣鉢《えはつ》を積まんと欲し、或は白衣《びやくえ》と善《よしみ》を厚くし、或は常に愛欲を念ひ、或は憙《この》んで知友と交はり結ぶ。」と。（一七九ページ）

それは出家者の束縛、汚れをいましめたものであるが、そのサンスクリット原文（一一二以下）は次のように記されている。

「カーシヤパよ。この二つは出家者（pravrajita）にとって、堅く締めつけられた束縛（gāḍhabandhana）である。その二つとは何であるか？ すなわち自己を執する見解（我見 ātmadṛṣṭi）によってつくり出された束縛と、〔他人から受ける〕利益と尊敬と称讃という束縛とである。以上のこの二つは、出家者にとって、堅く締めつけられた束縛である。

出家者にとっては二つの堅固な束縛が存する。第一に（一）〔アートマンを執する〕見解というかたちをとっている束縛であり、また尊敬と利益、名声という束縛である。その両者は、つねに出家者の捨てるべきものである。

カーシヤパよ。この二つのことがらは、出家者にとって妨げをなすものである。その二つとは何であるか。在俗の人々の仲間になじむこと（gṛhapatipakṣa-sevā）と、聖者の仲間（āryapakṣa）を憎むことことである。この二つのことがらは、出家者にとって妨げをなすものである。

在俗の人々の仲間になじむことと、師（ācārya）の仲間を非難することと、――この二つは、妨げをなす障礙《しょうがい》である。求道者（bodhisattva）はその二つを避けよかし。カーシヤパよ、この二つは、出家者の汚れ（mala）である。その二つとは何であるか？すなわち、煩悩を（そのまま）受けること（kleśādhivāsanatā）と、友人の家と托鉢に行く家（bhekṣākakula, zasster-baḥi-khyim）から〔友好のために〕禍を受けることである。この二つは、出家者の汚れである。その点について、次のように説かれている。

出家者が忍受する煩悩と、友人および托鉢に行く家と親しくなること、――この二つは汚れであると、勝者の王（ブッダ）によって説かれた。その両者は、求道者は避けよかし[二]。」

（一）原文には ādaiḥ とあるが、チベット訳に dam-po-ste とあるのに従って ādau とよむ。
（二）vivarjanīyaḥ. を vivarjanīyau と訂正する。引用は、*The Kāçyapaparivarta*, ed. by Baron A. von Staël-Holstein, reprint, Tokyo, 1977, pp. 163-166.

妄心（煩悩に汚れた心）はややもすれば起り易いものであるが、真実には生起するものではないと観じなければならぬ。そうすれば煩悩も起らなくなる。〈生起〉ということは真実には成立し得ないということを主張して説く、

また中論《ちゅうろん》の第一の偈に云く、「諸法は自《じ》より生《しょう》ぜず　また他よりも生ぜず　共《ぐ》にもあら

ず無因にもあらず　この故に無生《むしよう》なりと知る」と。（一八四ページ）

そのサンスクリット原文は、次のようになっている。

「もろもろの事物は、どこにあっても、いかなるものでも、自体からも、他のものからも、〔自他の〕二つからも、また無因から生じたもの（無因生）も、あることなし。」

これは、縁起ということの意義をつきつめて考えると、〈不生〉という意味になるということを説いているのである。

煩悩は生じないものであると観じても、やはり実際に起るのをどうともしようが無いではないか、という問題が起るが、その問題について、源信は深く触れていない。これは、後世の法然、親鸞などにゆだねられた問題であった。

第六章　別時念仏（特定の日や場合に行なう念仏）

ここでは二つのことを問題とする。

別時念仏《べつじねんぶつ》とは、二あり。初に、尋常《じんじょう》の別行《べつぎょう》を明し、次に、臨終《りんじゅ》の行儀《ぎょうぎ》を明す。（一九六ページ）

先ず平生はどのように行なっていたらよいのか？

第一に、尋常の別行とは、日々の行法《ぎょうぼう》に於て常に勇進することあたはず。故に、応《まさ》に時ありて別時の行を修《しゅ》すべし。或は一・二・三日乃至七日、或は十日乃至九十日、楽《ねがい》の随《まま》にこれを修せよ。

さらに、第二として臨終《りんじゅ》の行儀《ぎょうぎ》すなわち臨終にはどうしたらよいか、ということを教える。

浄土教で特に重んずるのは「十念」である。「十念」については多くの解釈があるけれども、「しかれども一心に十遍、南無阿弥陀仏と称念《しょうねん》する、これを十念と謂ふなり。」と源信は言い切る。

また臨終のときに念仏を勧めることをも説く。

次に臨終の勧念とは、善友・同行《どうぎょう》にして、その志あらん者は、仏教に順ぜんが為に、衆生を利せんが為に、善根の為に、結縁《けちえん》の為に、患《やまい》に染《そ》みし初より病の床に来問《らいもん》して、幸《さいわい》に勧進《かんじん》を垂れよ。ただし勧誘《かんゆう》の趣《おもむき》は、応《まさ》に人の意にあるべし。今且《しばら》く自身の為に、その詞《ことば》を結びて云く、「仏子《ぶつし》〔仏弟子であるあなたよ〕、年来の間、この界《かい》の悕望《けもう》を止めて、ただ西方《さいほう》の業《ごう》を修《しゅ》せり。なかんづく、本《もと》より期する所は、この臨終の十念なり。今既に病床に臥す。恐れざるべからず。すべからく目を閉ぢ、合掌して、一心に誓期すべし。仏の相好にあらざるより、余の色を見ることなかれ。仏の法音にあらざるより、余の声を聞くことなかれ。仏の正教にあらざるより、余の事を説くことなかれ。往生の事にあらざるより、余の事を思ふことなかれ。かくの如くして、乃至《ないし》、命終の後に、宝蓮華《ほうれんげ》の台《うてな》の上に坐し、弥陀仏の後に従ひ、聖衆《しょうじゅ》に囲遶《いにょう》せられて、十万億の国土を過ぐる間も亦またかくの如くに、余の境界《きょうがい》を縁《えん》ずることなかれ。ただ極楽世界の七宝《しっぽう》の池の中に至りて、始めて応に目を挙げ、合掌して弥陀《みだ》の尊容《そんよう》を見たてまつり、甚深《じんじん》の法音を聞き、諸仏の功徳の香を聞《か》ぎ、法喜《ほうき》・禅悦《ぜんえつ》の味を嘗《な》め、海会《かいえ》の聖衆〔海のように大勢で仏の会座に集っているおつきの菩薩たち〕を頂礼《ちょうらい》して、普賢《ふげん》の行願《ぎょうがん》に悟入すべし」と。(二〇八〜二〇九ページ)

ここでは源信が自分自身のための決意を述べているのである。

さらに、臨終のときに念仏を勧めること(観念)に関連して、空を観ずべきことを教える。

弥陀仏の言《のたま》ふが如し。「諸法の性《しょう》は　一切、空《くう》にして無我《むが》なりと通達《つうだつ》するも　専ら浄き

仏土を求め　必ずかくの如き刹《くに》を成《じょう》せん」と。（二二〇ページ）

これに対応する文章はサンスクリット原文には見当らぬ。[一]

では空を観想することと、仏のすがたを観想することとは、どういう関係にあるのであろうか？　この関係について、源信はただ「法性《ほっしょう》は平等なりといへども、また仮有《けう》を離れず」と説いているだけである。その趣意をおしはかると、次のように言えるのではなかろうか。大乗仏教では〈空〉を説くが、それは決して多様のすがたを否定することにはならない。〈不生〉という立場を認めることは、けっきょく、あらゆる事物の〈空〉〈無我〉（＝この場合は、本質の無いこと）を認めることになる。しかし諸の因縁が合することによって諸事物が仮りに成立しているということは、やはり認めなければならぬ。

この問題はかれの小著『空観』の中で特別に論ぜられている。『往生要集』が引用文ばかりという印象を与えるのに、『空観』には引用文が一つも無い。それ自体が哲学的思索の展開であり、まさに哲学書である。[二]

（一）南条文雄『仏説無量寿経梵文和訳、支那五訳対照』無我山房、明治四十一年、二一三ページ。
（二）『大日本佛教全書』（佛書刊行会編）二四巻天台小部集釈、『恵心僧都全集』第三、三枝博音・清水幾太郎編『日本哲学思想全書』九巻、平凡社、などに所収。

かれはこの書の冒頭において、「夫《そ》れ以《おも》んみれば、悪を捨て善を招く方法は空観に過ぎたるはなし」といって、空観が倫理を基礎づけ得ることを主張する。「善悪倶《とも》に空なれども、猶ほ真を取りて妄を捨つ」そこで「空観を以て罪業の山を傾け」ることが可能となる。

この理論的立場に立つと、空観（A）は実践を基礎づける（B）〔Aならば、Bである〕。だから、空観は念仏（Bの一項B′）を基礎づけ得る。「AであればB′であり得る」。しかし、「Aであれば、B′でなければならぬ」と言うことはできない。ならば、「Aであれば、B″でもあり得るし、B‴でもあり得る」。

これに具体的な名辞をあてはめてみよう。

空観を認めると、念仏も成立するが、念仏だけでなければならぬ、ということは成立しない。もう少し具体的に言うと、空観を承認すると、念仏をも承認し得るし、南無妙法蓮華経も成立し得るし、南無観世音菩薩も成立し得る、という論理的帰結になる。

源信の立場は、はたしてそうであった。『空観』の最後のところで、「夕に無常の道理を思ひ、空寂の観念を存し、娑婆の穢土《えど》を厭ひ、極楽浄土を欣《よろこ》びて、南無阿弥陀仏、南無妙法蓮華経、南無観世音菩薩と唱ふべし」と教えている。

ひとはこれをシンクレティズムと考えるかもしれない。しかし、それは、後代の宗派主義を基準として考えるからそうなるのである。東アジア一般（シナ、ヴェトナム、朝鮮）では、無量寿仏や観音菩薩をも拝むし、法華経をも尊重して、混然としている。鎌倉時代以後の宗派主義のほうが、仏教文化圏全体としては、むしろ例外なのである。

ともかく、源信が「南無妙法蓮華経」を教えていたことは、注目すべきである。

源信は、往生するためには念仏の〈行〉が必要であるという立場をとっている。

およそかの国に往生せんと欲せば、すべからくその業《ごう》を求むべし。（二二一ページ）

その典拠を、かれは『大無量寿経』にもとめている。

かの仏の本願に云ふが如し。「たとひ我、仏を得んに、十方の衆生、わが名号を聞きて、念《おもい》をわが国に係《か》け、もろもろの徳本〔善根・功徳〕を殖《う》ゑ、至心に廻向して、わが国に生れんと欲せん。果遂《かすい》せずは、正覚《しょうがく》を取らじ。」と。

これは四十八願のうちの第二十願である。ところがサンスクリット原文では、第二十願と第十八願とが一緒になって一つの願（第十九願）とされ、次のように記されている（南条、前掲書、六六～六八ページ参照）。

「世尊よ、もしも、わたくしが覚りを得た後に、無量・無数の仏国土における生ける者どもが、わたくしの名を聞き、その仏国土に生まれたいという心をおこし、いろいろな善の根が熟するようにしたとして、そのかれらが、——無間業を造った者どもと、正しい法を誹謗《ひぼう》するという障碍をなした者どもとを除いて——たとえ、心をおこすことが十返に過ぎなかったとしても、その仏国土に生まれないようなことがあるようであったら、その間はわたくしは、この上ない正しい覚りを現に覚ることがありませんように。」（岩波文庫『浄土三部経』上、二八～二九ページ）

そうして聖衆来迎ということも必ず実現するはずである、と言う。

また本願に云く、「たとひ我、仏を得んに、十方の衆生、菩提心《ぼだいしん》を発《おこ》し、もろもろの功徳を修し、至心に発願《ほつがん》して、わが国に生れんと欲せん。寿《いのち》の終る時に臨みて、たとひ大衆と、囲遶《いにょう》せられて、その人の前に現ぜずは、正覚《しょうがく》を取らじ。」と。(二一二ページ)

これは第十九願であるが、サンスクリット原文では第十八願として次のように述べられている。

「世尊よ、もしも、わたくしが覚りを得た後に、他の諸の世界の生ける者どもが、この上ない正しい覚りを得たいという心をおこし、わたくしの名を聞いて、きよく澄んだ心(信ずる心)を以てわたくしを念じていたとして、かれらの臨終の時節がやって来たときに、その心が散乱しないように、わたくしが修行僧たちに囲まれて尊敬され、その前に立つということがないようであったら、その間はわたくしは、この上ない正しい覚りを現に覚ることがありませんように。」(『浄土三部経』上、二八ページ)

この本願があるから、臨終の人を迎えるということは、必ずそのとおり実現するというのである。

第七章　念仏の利益

念仏の利益には、大きくわけて七つある、と、源信はこの章の冒頭でいう。即ち――一、滅罪生善（犯した罪を滅して善を生ずる）、二、冥得護持《みょうとくごじ》（仏神の加護を知らないうちに得る）、三、現身見仏（この身のままで仏をまのあたり見る）、四、当来の勝利（来世で受ける勝れた利益）、五、弥陀の別益《べつやく》、六、引例勧信（例を引いて念仏の信仰を勧める）、七、悪趣の利益（悪道に堕ちた者でも受けられる）である、と。

念仏を実践すると、罪を滅ぼし、善を生ずる。必らず罪を滅ぼすことができるということは、例えば次の経文によって確められる。

遺日摩尼経《ゆいにちまに》に云く、「菩薩は、また数千巨億万劫《こおくまんこう》、愛欲の中にありて罪の為に覆《おお》はるといへども、もし仏の経を聞いて、一反だも善を念ぜば、罪即ち消え尽きん。」と。（二二二ページ）

それのサンスクリット原文には、かなり詳しく述べられている。

「「カーシャパよ。譬えば、家の中で、または臥所において、または小室において、千年たっても、油燈〔の光炎〕がいつになってもつくられなかったとしよう。そこで、その場合に、或る人は油燈を燃して〔光炎を〕つくったとしよう。そなたは、どう思うか？　その闇黒が〈わたしはここに千年も住みついていたのだ。わたしは、ここから去りはしないであろう。〉と、そのように思うことは無いであろう。」「尊師よ。そのようなことは、ございません。その闇黒には〈（自分は）油燈（の光炎）をつくったのだから去らないようにしよう〉とする能力はありません。その闇黒は必ず去らなければなりません。」尊師は言った、――「そのとおりだ。カーシャパよ。千万億劫にわたって積み集められた業と煩悩（karma-kleśa, las-daṅ-ñon-moṅs-pa）も、一たび正しい思惟である智慧による反省（yoniśomanasikāra-prajñā-pratyavekṣaṇa）によって消え失せるのである。〈油燈〉というのは聖なる知慧の能力（prajñendriya）のことであり、〈闇黒〉というのは、煩悩と業とのことを言うのである。譬えば、永いあいだたってから、臥所の中で或る人が油燈（の光炎）をつくったとすると、……（以下欠）」（*Kāçyapaparivarta*, §71, p. 106）

念仏を実践すると、来世ですぐれた利益を受ける。そのことを証明する経文の一例として、次の文章を引用する。

またある経に言く、「もし仏の福田《ふくでん》に於て　能く少分の善を殖《う》ゑなば　初には勝善趣《しょうぜんしゅ》を
獲《え》　後には必ず涅槃を得ん」と。（二二九ページ）

その原文は、次のごとくである。

uktaṃ hi Bhagavatā

延命地蔵　天明４年（1784）作の絵巻。千葉県安房郡延命寺蔵（絵本『地獄』より）。特に地蔵菩薩は迷える人々，苦難にあえぐ人々に信仰され，拝まれた

"ye 'anyān api jine kārān kariṣyanti vināyake/
vicitraṃ svargam āgamya te lapsyante 'mṛtaṃ padam"
iti/ (*Abhidharmakośa*, ed. by Pradhan, p. 416)

「世尊によって説かれた、——
導く者である勝者（ブッダ）に対して他の為すべきことをも為す人々は、
種々なる天に到達して、不死の境地を獲得するであろう、と。」

また別の経文を引用している。

法華経の偈に云く、「もし人、散乱の心もて塔廟《とうみよう》の中に入るも　一たび南無仏と称へんには　皆已に仏道を成ず」と。（二三〇ページ）

そのサンスクリット原文は次のとおりである。

「それらの遺骨の安置されている場所で

(dhātudhareṣu)、「諸の仏を礼拝したてまつる」(namo 'stu buddhāna) と一とたび言ったならば、そのときかれらの心が散乱していても一とたび言っただけで、かれらはすべてこの最上のさとり (agrabodhi) を得たのである。」(*Saddh. P.*, II, v. 96, p. 50)

幾多の経文を引用したあとで、源信は言う。

ただ名号を聞くすら、勝利かくの如し。いはんや暫くも相好・功徳を観念し、或はまた一花《いちげ》・一香《いっこう》を供養せんをや。いはんや一生に勤修《ごんしゅ》せん功徳は終に虚《むな》しからず。則ち知る、仏法に値ひ、仏号《ぶつごう》を聞くことは、これ少縁にあらずといふことを。(二三一ページ)

では何が救われるのか、というと、けっきょく心が救われるのである。

観経に云く、「仏、阿難に告げたまはく、「諸仏〔如来〕はこれ法界身《ほっかいしん》なり、一切衆生の心想《しんそう》の中に入りたまふ。この故に、汝等、心に仏を想ふ時は、この心即ちこれ三十二相・八十随形好《ずいぎょうこう》なり。この心、作仏《さぶつ》す。この心、これ仏なり。諸仏正遍知海《しょぶつしょうへんちかい》〔広い海に喩えられるまさしく一切を知る諸仏の智慧〕は、心想より生ず」と。」と。(二三一ページ)

この原漢文の趣旨は、次のごとくである。

「諸の仏・如来たちは、存在するものすべてを身体とするものであり、すべての生ける者どもの心想の中に入って来るからである。それ故に、そなたたちが心に仏を観想するとき、この心がそのまま仏の三十二の大相《だいそう》であり、八十の小相《しょうそう》なのだ。この心が仏を作り、

この心がそのまま仏なのだ。智慧海のごときもろもろの仏たちは心想から生ずる。」（岩波文庫『浄土三部経』下、二〇ページ）

その所説は多分に唯心論的である。

またアミターバ仏を念ずることによって得られる特別の利益（弥陀を念ずる別益）が説かれているが、それは念仏行者の心に堅い決心を持たせるためであり、源信はそのことを特別に説明している（二三三ページ）。

『観無量寿経』全体は、浄土およびアミターバ仏を観想する十六種の方法（十六観）を述べているのであるが、源信は十六種の区別を無視して、すがたを観想すべしと説く重要な文章をたてつづけに引用している。

観経に像想観を説いて云く、「この観を作す者は、無量億劫の生死の罪を除き、現身の中に於て念仏三昧を得ん。」と。（二三三〜二三四ページ）

これは十六観のうちの第八である像想観のうちに説かれている文章である。

また云く、「ただ仏の像を想ふすら無量の福を得。いはんやまた、仏の具足せる身相を観《かん》ぜんをや。」と。

これは第十三観のうちに説かれている文章である。

観経に云く、「光明《こうみよう》遍く十方世界を照し、念仏の衆生をば摂取《せつしゆ》して捨てたまはず。」と。

（二三四ページ）

これは、第九観のうちに説かれている文章であるが、浄土教の教えを的確に表明した最も有名な文章である。

また云く、「無量寿仏は化身《けしん》無数《むしゅ》にして、観世音・大勢至と、常にこの行人《ぎょうにん》の所に来至《らいし》したまふ。」と。

これは、第十二観のうちに述べられている文章である。

双観経のかの仏の本願に云く、「諸天と人民《にんみん》、わが名字を聞いて、五体を地に投じ、稽《けい》首作礼《しゅさらい》し、歓喜信楽《かんぎしんぎょう》して、菩薩の行を修せんに、諸天・世人《せにん》、敬《うやまい》を致さざることなけん。もししからずは、正覚《しょうがく》を取らじ。」と。（二三五ページ）

これは第三十七願である。サンスクリット原文では第三十八願となっている。原文は次のとおり。

「世尊よ、もしも、わたくしが覚りを得た後に、あまねく十方の無量・無数・不可思議・無比・無限の諸仏国土における求道者たちが、わたくしの名を聞いて、五体投地の礼によって敬礼し、求道者の行ないを実行しているのに、天人と人間との世間から敬礼されないようであったら、その間はわたくしは、この上ない正しい覚りを現に覚ることがありませんように。」（『浄土三部経』上、三四〜三五ページ）

ただし、この願においては、「浄土教の行者は尊敬されるはずだ」ということを説いているのに、源信はその趣意を「冥得護持」（二三五ページ）と解しているから、ニュアンスが少し異なっている。かれはそこに〈ひそかなる加護〉を読みとっているのである。

これは、シナの初期の浄土教徒が主として「無量寿仏」という名称を用いていたのに、後代の、特に日本の浄土教徒が、呪術的なニュアンスをともなう「阿弥陀仏」という呼称を好んで用いるようになった、ちょうどその変化に対応しているのである。

さらに〈仏を見る〉ということに関連して、次の経文を引用している。

観経に云く、「眉間の白毫《びやくごう》を見たてまつらば、八万四千の相好《そうごう》、自然《じねん》に当に見ゆべし。無量寿仏を見たてまつる者は、即ち十方の無量の諸仏を見たてまつる。無量の諸仏を見たてまつることを得るが故に、諸仏は現前《げんぜん》に授記《じゅき》したまふ。これを遍く一切の色相《しきそう》を観ずとなす。」と。（二三六ページ）

その原漢文に書かれている趣意は、こういうことである。――眉間の白い旋毛を観想する者には、（その他の）八万四千の相好が自然に観想の中に現われて来るであろう。無量寿仏を観る者は、すなわち、十方の無量の仏たちを観ることになる。無量の仏たちを観ることができるのであるから、仏たちの面前で未来に仏となるという予言を受けることになる。これが〈あまねく一切の体や形を観る観想〉である。これが、つまり第九観なのである。

源信は、念仏の修行は、来世にすぐれた効果（当来の勝利《しょうり》）をもたらすことができると考えて、種々の経文を引用しているが、その一つにいう。

双観経の偈に云く、「その仏の本願力もて　名を聞いて往生せんと欲せば　皆悉くかの国に到りて　自ら不退転に致らん」と。（一二三七ページ）

これはいわゆる東方偈《とうぼうげ》または往覲偈《おうごんげ》といわれるもののうちの四句で、古来尊重されてきたもので、破地獄文といわれた。

そのサンスクリット原文は、次のようになっている。

「そのとき、目ざめた人・無量寿は解説して言う――

「これは実にわたしの以前からの願いであった。――

わたしの名を聞いた生ける者どもは、

いかにして常にわたしの国土に往き得るのであろうか――と。（第一七詩）

わたしのこのみごとな願いは成就した。

生ける者どもは多くの世界からわたしのもとにやって来る。

わたしの国土にやって来て、ここで、

〈一生だけこの世につながれている者〉（という位）から退かない者となる。（第一八詩）」（『浄土三部経』上、七〇～七一ページ）

同じ趣旨の経文として次の文をも引用している。

双観経の、かの仏の本願に云く、「諸仏世界の衆生の類、わが名字を聞いて、菩薩の無《む》生法忍《しょうぼうにん》、もろもろの深摠持《じんそうじ》（一）を得ずは、正覚《しょうがく》を取らじ。他方国土のもろもろの菩薩衆、わが名字を聞いて、即ち不退転に至ることを得ずは、正覚を取らじ。」と。（二三八ページ）

（一）「無生法忍」とは、一切が空であるという、その一切の真実相を覚り、その真理に心を安んじて動揺しないこと。「深摠持」の摠持とは陀羅尼《だらに》の訳語であるが、この場合にはよく記憶して忘れないこと。深はその勝れたはたらきの形容。

「諸仏」以下の一文は、第三十四願の文、「他方」以下の文は第四十七願の文である。サンスクリット文では、前者は第三十五願、後者は第四十八願である。

「世尊よ、もしも、わたくしが覚りを得た後に、あまねく無量・不可思議・無比・無限の諸仏国土の求道者たち・すぐれた人たちがわたくしの名を聞いて、それを聞いたことにともなう善によって、生を脱してから、以後、覚りの本質の辺際を極めるまで、神秘な保持能力を得ないようであったら、その間はわたくしはこの上ない正しい覚りを現に覚ることがありませんように。」（『浄土三部経』上、三三～三四ページ）

「世尊よ、もしも、わたくしが覚りを得た後に、かの（仏国土以外の）他の諸の仏国土においてわたくしの名を聞くであろう求道者たちが、名を聞くと同時にこの上ない正しい覚りから退かないような者になれないようであったら、その間はわたくしは、この上ない正しい覚りを現に覚ることがありませんように。」（同、上、三七～三八ページ）

また『観無量寿経』の文章を引用している。

観経に云く、「もし念仏する者は、当《まさ》に知るべし、この人はこれ人中《にんじゅう》の分陀利《ふんだり》（＝pundarika 白蓮）華《け》なり。観世音菩薩・大勢至菩薩、その勝友《しょうう》となりたまふ。当に道場に坐し、諸仏の家に生るべし。」と。（二三八ページ）

その趣意は、

「もし仏を念ずる者があったら、この人は人間の中の蓮花である。アヴァローキテーシヴァラぼさつとマハースターマプラープタぼさつはそのよき友となる。この人は〈覚りの場〉に坐り、仏たちの家に生まれるであろう。」（『浄土三部経』下、三六ページ）

ということであるが、この文章に全体の趣旨が要約されていると言うことができるであろう。

第八章　念仏の証拠（念仏を勧める証拠としての経典の文章）

「何故、念仏だけを勧めるのか」という疑問に対して、源信は説明する。

答ふ。今、念仏を勧むるは、これ余の種々の妙行《みょうぎょう》を遮《しゃ》せんとするにはあらず。ただこれ、男女《なんにょ》・貴賤《きせん》、行住坐臥《ぎょうじゅうざが》を簡《えら》ばず、時処諸縁《じしょしょえん》を論ぜず、これを修するに難からず、乃至《ないし》、臨終に往生を願ひ求むるに、その便宜を得ること、念仏にしかざればなり。（二五〇ページ）

さらに『大無量寿経』の所説に即して説明する。

双観経の三輩《さんぱい》の業《ごう》には浅深ありといへども、しかも通じて皆、「一向に専ら無量寿仏を念ぜよ」と云へり。（二五一ページ）

『大無量寿経』（魏訳）では、浄土に生れようと修行する人々のうちに三種類あることをいう。

上位（上輩）には、家を捨て欲を捨てて修行者となり、さとりを求めて、ひたすら阿弥陀仏を念ずる人がはいるとし、中位（中輩）には、修行者となって功徳を修めることはできないが、さとりを求めて、ひたすら阿弥陀仏を念ずる人、下位（下輩）には、功徳は作れないが、さとりを求めて、十遍でも一遍でも専心に阿弥陀仏を念ずる人がはいるとする。

魏訳には「上輩、中輩、下輩」の三種類（三輩）として挙げているから、それを引用して、次にサンスクリット原文と対比しよう。

「仏《ほとけ》、阿難《あなん》に告げたもう、「十方世界の、もろもろの天・人民《にんみん》にして、それ、至心《ししん》にかの国に生れんと願うものに、およそ三輩あり。」」（岩波文庫『浄土三部経』上、一六三ページ）

先ず「上輩」を説明する。

「その上輩の者というは、家を捨て、欲を棄てて、沙門となり、菩提心を発《おこ》して、一向《いっこう》に専ら無量寿仏《むりょうじゅぶつ》を念じ、もろもろの功徳を修して、かの国に生れんと願う。これらの衆生《しゅじょう》、寿《いのち》の終わる時に臨んで、無量寿仏は、もろもろの大衆とともに、その人の前に現われたもう。すなわちかの仏に随って、その国に往生す。すなわち七宝の華の中において、自然《じねん》に化生《けしょう》す。不退転《ふたいてん》に住し、智慧勇猛にして、神通自在なり。このゆえに、阿難《あなん》よ。それ、衆生ありて、今の世において、無量寿仏を見たてまつらんと欲せば、まさに無上菩提の心を発し、功徳を修行して、かの国に生れんと願うべし。」（同、上、一六三〜一六四ページ）

〔サンスクリット文〕

「また、アーナンダよ、かの如来のことをいくたびも心に思い、多くの、無量の善の根を植え、覚りに心を向けて、かの世界に生まれたいと願うであろう生ける者どもは誰でも、かれらが死ぬ時期が迫って来たときに、かの尊敬さるべき人・正しく目ざめた人・無量光如来は、多くの修行僧たちにとりまかれ、恭敬されて、（その前に）立たれるであろう。それ故に、かれらはかの世尊を見て、静かな心になって死んで、かの〈幸あるところ〉という世界に生まれるであろう。アーナンダよ、現世において、かの無量光如来を拝したいと願う立派な若者やあるいは立派な娘は、この上ない正しい覚りに心をおこし、特にすぐれた決意を持ちつづけることによって、かの仏国土に生まれることに心を向け、またさまざまな善の根を熟させせなければならないのだ。」（同、上、六四ページ）

次に中輩について。

「その中輩の者というは、十方世界の、もろもろの天・人民《にんみん》にして、それ至心にかの国に生れんと願うものあらんに、行《ぎょう》じて沙門となり、大いに功徳を修することあたわずといえども、まさに無上菩提《むじょうぼだい》の心を発《おこ》して、一向に専ら無量寿仏を念ずべし。多少に善を修し、斎戒《さいかい》を奉持《ぶじ》し、塔像を起立《きりゅう》し、沙門に飯食《ぼんじき》せしめ、繒《ぞう》を懸《か》け、燈《ともしび》を然《とぼ》し、華を散じ、香を焼《た》き、これをもって廻向《えこう》して、かの国に生れんと願う。その人、（いのちの）終わるときに臨んで、無量寿仏は、その身を化現《けげん》したもう。（その）光明・相好《そうごう》は、つぶさに真仏《しんぶつ》のごとく、もろもろの大衆とともに、その人の前に現われたもう。（その人）すなわち化《け》仏《ぶつ》に随って、その国に往生し、不退転《ふたいてん》に住す。（その）功徳・智慧は、次いで上輩の者のごとし。」（同、上、一六四～一六五ページ）

〔サンスクリット文〕

「また、誰であっても、かの如来を多く思惟したりせず、またあまたたび無量の善の根を植えることもしないけれども、かの仏国土に心を向ける者があるならば、かれらの臨終の時分に、色も、形も、高さも、広さも、修行僧たちにとりまかれていることに関しても、かれらの願うとおりの、かの尊敬さるべき人・正しく目ざめた人・無量光如来に全く同じ化身《けしん》の目ざめた人が（かれらの）前に立つであろう。かれらはそのときに、如来を見ることによっておこる静かな信に基づく心の安定と、正念を失わないことによって、死んですぐにかの仏国土に生まれるであろう。」（同、上、六四～六五ページ）

最後に「下輩」を説明する。

「その下輩《げはい》の者というは、十方世界の、もろもろの天・人民《にんみん》にして、それ至心にかの国に生れんと欲《おも》うものあらんに、たとい、もろもろの功徳を作ることあたわずとも、まさに無上菩提の心を発《おこ》して、一向に意を専らにして、ないし十念に、無量寿仏を念じて、その国に生れんと願うべし。もし、（この人）深法《じんぼう》を聞き、歓喜《かんぎ》・信楽《しんぎょう》して、疑惑を生ぜず、ないし一念《いちねん》に、かの仏を念じて、至誠心《しじょうしん》をもって、その国に生れんと願わば、この人、（いのち）終わるときに臨んで、夢のごとくにかの仏を見たてまつりて、また往生をう。（その）功徳・智慧は、次いで中輩の者のごとし。」（同、上、一六五ページ）

〔サンスクリット文〕

「また、アーナンダよ、生ける者どもの中で、十念をおこしてかの如来を思念し、かの仏国土に対して渇望の心をおこし、深遠な法が説かれるときに、満足を得て、衰えることがなく、絶望に陥らず、落胆することなく、たとえ一念をおこしたにすぎないとしてもかの如来を思惟し、かの仏国土に対して渇望の心をおこす者どもがあったら、かれらもまた、眠りの中にあって無量光如来を見、〈幸あるところ〉という世界に生まれて、この上ない正しい覚りから退かない者となるであろう。」（同、上、六五ページ）

源信は、大まかに言うと、実際上は中輩の立場を取っていた。かれは、山の中にこもって修行していた天台の学僧であった。ところが法然や特に親鸞は、右のうちでほぼ「下輩」の立場をとっていた。法然や親鸞が源信に対して絶大の尊敬・帰依を寄せていたにもかかわらず、両者のあいだに、社会的また理論的に立場の相違のあったことは、歴然としている。しかし源信は「下輩」の立場での念仏に至る通路を開いたと言えるであろう。

経典は、このように、念仏行者のあいだに階位的差別のあることを、はっきりと明示しているが、しかし源信はこれを無視し、「通じて皆、一向に専ら無量寿仏を念ぜよ、と云へり」と簡単にまとめているのである。

また、源信の所論の趣旨は、四十八願の中でも明言されていることだという。

四十八願の中に、念仏門に於て別して一願を発して云く、「乃至、十念せん。もし生れずは、正覚を取らじ」と。（二五一ページ）

それは『観無量寿経』のうちにも説かれたことだと言う。

観経に〔云く、〕「極重の悪人は、他の方便なし。ただ仏を称念して、極楽に生ずることを得。」と。（二五一ページ）

この文句は『観無量寿経』のうちの下下品の説明にもとづいて述べられているのである。下品下生の者どものための教えは、日本の浄土教にとっては非常に重要である。何となれば、法然も親鸞も、最低の者どものために教えを説いたことになっているからである。さらに源信が前掲のように短くまとめた文句は、親鸞によって『正信偈』のうちに「極重悪人唯称仏」と述べられ、後代に永く生きることになった。

また、源信は念仏往生を勧める証拠として次の経文をも引用している。

阿弥陀経に云く、「少善根・福徳の因縁を以て、かの国に生ることを得べからず。もし善男子・善女人ありて、阿弥陀仏を説くを聞き、名号《みようごう》を執持《しゆうじ》すること、もしは一日〈乃至〉もしは七日、一心にして乱れずは、その人の命終《みようじゆ》の時に臨んで、阿弥陀仏、もろもろの聖衆《しようじゆ》とともに現じて、その前に在《ま》しまさん。この人終《おわ》る時、心、顚倒《てんどう》せずして即ち往生することを得ん。」と。（二五二ページ）

サンスクリット原文には次のように言う。

「シャーリプトラよ、生ける者どもは質の劣った善行によって無量寿如来の仏国土に生まれることはできない。立派な若者や、あるいは、立派な娘があって、かの世尊・無量寿如来の名を聞き、聞いて心の中で考え、あるいは一夜、あるいは二夜、あるいは三夜、あるいは四夜、あるいは五夜、あるいは六夜、あるいは七夜の間、心を散乱させることなく、心の中でよく考えたならば、その立派な若者や、あるいは立派な娘の臨終のときに、かの無量寿如来は、教えを聞くのみの修行者たちの群にとり巻かれ、求道者たちの群を先導として、かの臨終の者の前に立たれるであろう。その人は、（死の恐怖などで）心が顚倒《てんどう》するようなこともなく死ぬであろう。その人は、死んで、かの無量寿如来の仏国土である〈幸あるところ〉という世界に生まれるであろう。」（『浄土三部経』下、八二ページ）漢訳文にはただ「聖衆」となっているが、サンスクリット原文から見ると、śrāvaka-saṃgha と bodhisattvagaṇa となっている。小乗の修行僧たち、および大乗の求道者の群をいうのである。

ところで、かれらの群に言及するときに、何故、小乗の修行僧たちには saṃgha という語を使い、大乗の求道者については gaṇa という名称を用いているのか？　その理由は何も明示されていないが、小乗のビクたちの教団は、当時いちおう組織のできた団体であり、サンガと呼ばれる共同体であった。かれらは共通の戒律を守っていた。財産も共通であった。だからかれらの集合はサンガと呼ばれていた。ところが大乗のボーディサットヴァたちは、一つの共同体を形成せず、戒律もばらばらであり、統制もなかった。かれらは自由にふるまっていたのである。だから、かれらの群はガナと呼ばれていた。そうしてこの点では、インドの浄土教徒は、小乗の実践も大乗の実践も、ともに承認していたのである。

ともかくインドの浄土教徒の考えていた「来迎」は、平安朝の仏教美術に描かれている聖衆来迎図とはかなり異なったものであったことが知られる〔インドや南アジアには聖衆来迎図は残っていない〕。

第九章　往生の諸行（浄土に往生するためのさまざまな修行）

極楽を求める者は、必ずしも念仏するだけでよいというのではない。他の修行も行なって、各人の望むようにさせるべきである。

極楽を求むる者は、必ずしも念仏を専らにせず。すべからく余行《よぎょう》を明しておのおの楽《ぎょう》欲《よく》に任《まか》すべし。（二五四ページ）

浄土教徒は種々なる実践法を容認していることを示す典拠として、例えば、『観無量寿経』の文章を引用する。

観経に云く、「かの国に生れんと欲する者は、当に三福《さんぷく》を修すべし。一には、父母《ぶも》に孝《きょう》養《よう》し、師長に奉事《ぶじ》し、慈心にして殺さず、十善業《じゅうぜんごう》を修す。二には、三帰《さんき》を受持《じゅじ》し、衆戒《しゅかい》を具足《ぐそく》し、威儀《いぎ》を犯さず。三には、菩提心を発《おこ》し、深く因果を信じ、大乗を読誦《どくじゅ》し、行者を勧進《かんじん》す。かくの如き三事を名づけて浄業《じょうごう》となす。仏、韋提希《いだいけ》に告げたまはく、「汝、今知るやいなや。この三種の業は、過去・未来・現在の三世の、諸仏の浄業《じょうごう》の正《しょう》因《いん》なり」」と。（二五六〜二五七ページ）

さらに『観無量寿経』では、心の散乱した（散心の）凡夫で極楽往生を願う者どもに九種類（九品《くほん》）の方法の区別のあることを説く。これは重要であるから、その一つ一つについて、先ず源信の説明を挙げ、それと並べてこの経典の文章の現代語訳（岩波文庫『浄土三部経』下、二七ページ以下）のページ数を示すことにしよう。

第一、上品上生《じょうぼんじょうしょう》の者　これは浄土信仰者のうちで最もすぐれた人々である（以下の三つは第十四観に相当する）。

上品上生とは、もし衆生ありて、かの国に生れんと願はん者は、三種の心を発して即便《すなわ》ち往生す。何等をか三となす。一には至誠心《しじょうしん》、二には深心《じんしん》、三には廻向発願心《えこうほつがんしん》なり。三《さん》心《しん》を具《ぐ》する者は必ずかの国に生る。また三種の衆生ありて、当に往生を得べし。何等をか三となす。一には、慈心にして殺さず、もろもろの戒行《かいぎょう》を具す。二には、大乗方等経《ほうどうきょう》典《てん》を読誦す。三には、六念《ろくねん》を修行し、廻向発願してかの国に生れんと願ふ。この功徳を具すること、一日乃至七日にして、即ち往生を得。（二五七ページ）（現代語訳は、『浄土三部経』下、二七〜二九ページ）

第二、上品中生《じょうぼんちゅうしょう》の者　これは、上品上生の者よりも、いくらか劣っている。

上品中生とは、必ずしも方等経典を受持せざれども、善く義趣《ぎしゅ》を解《さと》り、第一義《だいいちぎ》に於て心《こころ》驚動《きょうどう》せず、深く因果を信じて大乗を謗《そし》らず。この功徳を以て、廻向して極楽国に生れんと願求《がんぐ》す。（二五七ページ）（現代語訳は、『浄土三部経』下、二九〜三〇ページ）

第三、上品下生《げしょう》の者　これは、上位の人々のうちでは劣っている者どもである。

上品下生とは、また因果を信じ大乗を謗らず。ただ無上道心《むじょうどうしん》を発して、この功徳を以て、廻向して極楽に生れんと願求す。(二五七ページ)(現代語訳は、『浄土三部経』下、三〇〜三一ページ)

第四、中品上生《ちゅうぼんじょうしょう》の者　中品すなわち中級の人々とは、大まかにいうと、善行を行なう人人である。それにまた上、中、下の階位的区分がある〔以下の三つは第十五観に相当する〕。

中品上生とは、もし衆生ありて、五戒を受持し、八戒斎を持《たも》ち、もろもろの戒を修行して五逆《ごぎゃく》を造らず、もろもろの過患《かげん》なからん。この善根を以て、廻向《えこう》して願求《がんぐ》す。(二五七〜二五八ページ)(現代語訳は、『浄土三部経』下、三一ページ)

第五、中品中生《ちゅうぼんちゅうしょう》の者　これは僅かの宗教的善行を実践する人である。

中品中生とは、もし衆生ありて、もしは一日一夜、八戒斎を受け、もしは一日一夜、沙《しゃ》弥《み》戒《かい》を持《たも》ち、〔もしは〕一日一夜、具足戒《ぐそくかい》を持ち、威儀《いぎ》欠くることなし。この功徳を以て、廻向して願求す。(二五八ページ)(現代語訳は、『浄土三部経』下、三一〜三二ページ)

第六、中品下生の者　これは世俗的な意味での善を行なう人である。

中品下生とは、もし善男子・善女人ありて、父母に孝養し、世の仁慈を行ふ。(二五八ページ)(現代語訳は、『浄土三部経』下、三二ページ)

第七、下品《げぼん》上生の者　下品というのは、具体的には悪人のことである。それにまた、上、中、下の区別がある〔以下の三つは第十六観に相当する〕。

下品上生とは、あるいは衆生ありて、もろもろの悪業《あくごう》を作らん。方等経典《ほうどうきょうでん》を誹謗せずといへども、かくの如き愚人、多くもろもろの悪法を造りて慚愧《ざんぎ》あることなけん。臨終に十二部経《じゅうにぶきょう》の首題《しゅだい》の名字《みょうじ》を聞き、及び合掌して南無阿弥陀仏と称ふ。（二五八ページ）（現代語訳は、『浄土三部経』下、三二一～三二二ページ）

第八、下品中生の者　これは戒律を守らぬ人々である。

下品中生とは、或は衆生ありて、五戒・八戒及び具足戒を毀《やぶ》り犯《おか》さん。かくの如き愚人、命《いのち》終らんとする時、地獄の衆火《しゅか》、一時に倶に至らん。善知識《ぜんちしき》の、大慈悲を以て、為に阿弥陀仏の十力《じゅうりき》・威徳《いとく》を説き、広くかの仏の光明の神力《じんりき》を説き、また戒・定・慧・解脱・知見を讃ふるに遇はん。この人、聞き已《おわ》りて、八十億劫の生死の罪を除く。（二五八ページ）（現代語訳は、『浄土三部経』下、三三三～三三四ページ）

第九、下品下生の者　最も低級な悪人である。しかし、かれらといえども、無量寿仏の名をとなえることによって救われる。

下品下生とは、或は衆生ありて、不善業《ふぜんごう》を作り、五逆・十悪、もろもろの不善を具《ぐ》せん。かくの如き愚人、悪業《あくごう》を以ての故に、応《まさ》に悪道に堕すべし。命終の時に臨みて、善知識に遇ひ、仏を念ずることあたはずといへども、ただ至心に声をして絶えざらしめ、十念《じゅうねん》を具足して南無無量寿仏と称へん。仏の名を称ふるが故に、念々《ねんねん》の中に於て八十億

劫の生死の罪を除く。（二五八ページ）

〈下品下生の者〉のための念仏の教えは日本仏教では特に重要であるから、『観無量寿経』のその一節を現代語訳によって紹介しよう。

「〈下品下生の者〉とは、生ける者どもの中で、不善な行為である五逆罪と十種の悪行を犯し、（その他）さまざまな不善を行ない、このような悪しき行為の結果、悪しき道に堕ち、長い間くり返しくり返し苦悩を受けて止むことのない愚かな者のことである。このような愚かな者の命が終ろうとするとき、この者を種々に慰め励まし、この者のためにすぐれた教法を説き教え、仏を念じさせる指導者に遇う。ところがこの者は苦しみに迫られて仏を念ずる暇がない。そこで指導者が言うのに、「お前がもし仏を念ずることができないのなら、無量寿仏よ、と称えなさい。」と。このようにしてこの者は心から声を絶やさぬようにし、十念を具えて、南無《なむ》アミタ仏《ぶつ》と称える。仏の名を称えるのであるから、一念一念と称える中に、八十億劫の間かれを生と死に結びつける罪から免れるのだ。命の終るとき、日輪に似た黄金の蓮花がかれの眼の前にあらわれ、一瞬のうちに〈幸あるところ〉という世界に生まれる。蓮花の中にあること十二大劫を過ぎて蓮花は花開く。アヴァローキテーシヴァラとマハースターマプラープタは、大悲の音声でこの者のために広く存在の実相と罪を除き滅ぼす法を説く。この者は聞き終って歓喜し、たちまち覚りに向かう心をおこすのだ。これを〈下品下生の者〉と名づけ、これを〈下位の者の往生の観想〉（下輩《げはい》

生想《しょうそう》）と名づけ、〈第十六の冥想〉と名づけるのだ。」（『浄土三部経』下、三四〜三五ページ）

このように九種類の区別を立て、源信はそれを遵奉していたけれども、しかしかれがどこまで本気に問題としていたのかは疑問である。『観無量寿経』ではこの九種（九品《くほん》）について詳しく述べているし、シルク・ロードの敦煌では洞窟にこの経典の九品の説明に則った絵画が微に入り細を穿って多数えがかれているのに、源信ははしょってしまって要点だけ述べている。序列を整えて細かに述べる中央アジア的思惟が源信には煩わしかったのではなかろうか。やがて鎌倉時代以後の日本の浄土教は〔教義学の上では別であるが〕、実際問題としてはこの区別を消し去ってしまった。そうして現実生活の場面ではむしろ仏教美術のうちの九品仏にその影響を残しているが、『観無量寿経』のうちの細かな論述を世人は忘れてしまった。源信はまさにその方向に向っての転機を示している。

第十章　問答料簡（問答による教義の解明）

この章においては、教義上の諸問題について哲学的な論議がなされている。哲学的には最もおもしろい章であり、思想的にも不朽の意義ある論争がなされている。

まず極楽浄土とそこの仏について論ずる。

この仏が、何故〈無量寿〉（Amitāyus）と名づけられるのであるか、ということを問題とする。

問ふ。未来の寿《じゅ》はいくばくぞや。

答ふ。小経に云く、「無量無辺阿《あ》僧祇《そうぎ》（＝asaṃkhyeya）劫《こう》なり。」と。（二六二ページ）

『阿弥陀経』原文には、

「シャーリプトラよ、あなたはどう思うか——どういう訳でかの如来は、無量寿（アミターユス・かぎりなき命）と名づけられるであろうか。まことに、シャーリプトラよ、かの如来と、かの人々の命の量は無量である。こういうわけで、かの如来を無量寿と名づけるのだ。またシャーリプトラよ、かの如来がこの上ない正しい覚りを覚り得てから（今まで）十劫《じゅっこう》なのだ。」（岩波文庫『浄土三部経』下、八一ページ）

となっている。〈数えられないほど多い〉（asaṃkhyeya）ということは、ここの原文には出ていないが、趣意の上では異なっていない。

『大無量寿経』原本には、さらに詳しく論述されている。

「また、アーナンダよ、かの世尊・無量光如来の命の量は無量なのだ。「（命の量が）あるいはこれこれ幾百劫もある。あるいはこれこれ幾千劫もある。あるいはこれこれ幾百千劫もある。あるいは幾億劫もある。あるいは幾百億劫もある。あるいは幾千億劫もある。あるいは幾百千億劫もある。あるいは幾百千億・百万劫もある。」といって、その量を知ることはできないのだ。こういうわけで、アーナンダよ、かの世尊の命の量は無量であり無際限なのだ。それで、かの如来はアミターユス（無量寿）と言われるのだ。

また、アーナンダよ、この世界の劫の計算法の示すところによれば、かの世尊・無量寿如来が生まれて、この上ない正しい覚りを現に覚られてから今日までで十劫であるというのだ。」（同、上、四九～五〇ページ）

従前の仏教においては、生命活動の消滅、生命の否定のうちに、理想の境地があるというような説き方をしていた。ところが、浄土教は〈生命の肯定〉の思想にもとづいている。理想の仏は、〈無量の寿命ある仏〉である。もしもそこで生命が充足されるのであるならば、生命の内含する種々のむずかしい問題がそこに見出されるはずではないか？　生命は他の生命を食《は》むことによってのみ存続することができる。それは相い闘争することではないか？

生命があるということと、殺し合いが無いということとは、矛盾するのではないか？こういうむずかしい問題に浄土教は、答えようとはしない。浄土教徒のめざすものは一つの方向づけであった。人間のなさけなさ、浅ましさを見つめることから始まって、究極の理想としては永遠の生命の完成をめざしていた。

なお経典の中に散説されていることであるが、極楽国土における菩提樹は、とほうもなく高い。この箇所においても、『双観経』（『無量寿経』）には「かの仏の道樹《どうじゅ》は高さ四百万里なり」、『宝積経』には「十六億由旬」、『十往生経』には「四十万由旬にして、樹下に師子座あり、高さ五百由旬なり」（二六四ページ）というふうに紹介している。がわれわれは第二章欣求《ごんぐ》浄土の「八　見仏聞法《けんぶつもんぼう》の楽」（本書一二〇ページ以下）ですでに読んで来たので省く。

理想の世界に樹木があるという思想は、インドでは非常に古い時代にまでたどることができる。しかし梵天世界にはIlyaという樹木（vṛkṣa）があると『カウシータキ・ウパニシャッド』（一・三以下）では極く簡単に述べられているのに、極楽浄土には一本の菩提樹(bodhivṛkṣa) があるといって、その高さは千六百ヨージャナあるといい、巨大な数字を用いてそれの絢爛たるすがたをのべている。この点では浄土経典はむしろヒンズー教のプラーナ聖典の叙述に類似している。

ともかくもとの経典にこのような巨大な数字が出ているので、源信は、インド人のとほうもない空想を紹介せざるを得なかったのである。

ストゥーパ　インド，サーンチーのストゥーパ群。手前が第三塔，その左が最古の第一塔（『ブッダの世界』より，丸山勇撮影）

また仏の身体も、とほうもなく大きい。

観経に云く、「仏の身量《しんりょう》は六十万億那《な》由他《ゆた》恒河《ごうが》沙由旬《しゃゆじゅん》なり。」と云々。（二六四ページ）

すなわち仏の身の高さは、ガンジス河の沙の数×百万×六十億ほどの無数のヨージャナ（マイル）ほどあるというのである。想像することさえもできない。

インドの仏教は、ストゥーパ崇拝が中心であった。ストゥーパ崇拝は、どの時代にも行なわれ、いかなる派も、程度の差こそあれ、それを実行していた。この特徴は、インド、ネパール、スリランカ、パキスタンに通じていえることである。

しかしこれらの地域においても、後代には仏像崇拝が次第に盛んになって来た。

シルク・ロードにおいては、ストゥーパ

崇拝と仏像崇拝とがともに行われていた。しかし、ストゥーパは次第に高さの高い塔に変形して行く。

それと並んでまた仏を理想化して、巨大なものとして幻想のうちに表象して仰ぐという傾向が強くなった。心の中でそのように思うことが念仏のもとの意味であるが、かれらは心の中で念仏するだけでは満足しなかった。そこで仏像がつくられたわけであるが、特に巨大な仏像をつくった。インドやパキスタンに残っている仏像は概してこぢんまりとしていて人間の身長と大差ないが、シルク・ロードには巨大な大仏像が残っている。

その代表的なものは、アフガニスタンのバーミヤーンに残っている大仏像である。岩山の崖に五三メートルの大仏像が彫り抜いてある。ただし上部の首（頭部）が脱落しているが、それはイスラームの軍隊が破壊したのだろうという。

バーミヤーンの大仏について玄奘三蔵は次のようにしるしている。

「梵衍那（Bāmiyān = Brahmayāna）国は、東西は二千余里、南北は三百余里ありて、雪山の中に在るなり。人びとは山谷に依って〔地〕勢に逐《したが》って邑居せり。国の大都城（『唐書』の羅爛城）は、崖に拠り谷に跨りて長さ六、七里あり、北は高き巌を背にせり。（中略）王城の東北の山の阿には立仏の石像あり、高さ百四、五十尺あり。金色が晃曜《こうよう》として、宝の飾りは煥爛《かんらん》たり。東のかたに伽藍あり、この国の先王の建つる所なり。伽藍の東に鍮石の釈迦仏の立像あり、高さ百余尺あり。身を分って別に鋳して、（のちに）総合して成立せり。」

またクチャ（亀茲国）のキジル千仏洞第七七窟の入口にも巨大な大仏像の立っていたことは確実である。それは大仏のくるぶしの跡から推定される。まさにバーミヤーンの様式である。しかし大仏は崩壊したのか、破壊されたのか、今は失われて見当らない。

これに対応するものとして、敦煌にも大仏像が残っている。敦煌には五百余の窟院があり、多数の仏像や壁画のあることで知られているが、その大仏像に注意したい。

敦煌の第九六窟は、大仏殿である。初唐のものであるが、五回修理を受け、最後の修理は、清の時代になされた。

高さは三三メートルある。三回右まわりをすると、災害をよけることができるという信仰があり、周囲をまわることができるようになっている。日本でいう胎内めぐりのようなものである。わたしが訪ねたときには、その前で油燈が燃えていたが、それはチベット人のラマの捧げたものであった。

なお、敦煌の第一三〇窟は別の大仏殿である。盛唐のもの。ここにある大仏は弥勒仏で、高さが二六メートルある。無修理であるが、掌だけは修理された。前掲の大仏より高さは少しく低いが、相好はなかなか立派である。五代のもので、壁画は三階にわたっている。

中国の雲崗や竜門の石仏はこれらの線の上にあるのである。

ちなみに銅で鋳造された大きな大仏も近年中国で発見されたということであるが、最大の石仏は四川省の楽山にあり、高さが七一メートルあり、その爪先に五十人の人々がのることができるという。

奈良の大仏は、高さ一六・二メートル（五丈三尺五寸）あり、大陸の大仏に比べると幾らか小さいが、当時小国であった日本がこのようなものを鋳造したということは、大きな驚異である。これも大陸におけるこのような風潮を、日本の指導者が敏感に受けとめたものにちがいない。大仏をつくって拝みたいという気持は、アジア人には生まれついたものなのかもしれない。

雲崗の石仏

スリランカ（セイロン）国の最南端マータラ（Mātara）およびさらに東方に、奈良の大仏ほどの高さの大仏が二つ、鉄筋コンクリートでつくられた。それはスリランカ国独立ののちに、セイロン人たちが日本の奈良や鎌倉の大仏を見て、自分の国でもこのようなものを建てたいものだ、と思って建造したのだという。

ではそのような大仏をつくるという

ことの教理的な根拠は何か。巨大な仏のすがたを思い浮べるという実践法が、大乗経典のなかに述べられていることはすでに述べた。

ところで『観無量寿経』という経典は顕著に中央アジア的である。

第一に、サンスクリット原典が存在せず、漢訳とウイグル語訳とがあるだけである。そうしてインドに伝えられている厖大な古典の中に一度も言及されていない。

第二に、またこれは、浄土三部経全体について言えることであるが、ストゥーパ崇拝を説かないで、専ら仏のすがたを観じ念ずることを説いている。

第三に、『観無量寿経』に由来する壁画は中央アジアのあちこちに残っている。殊に敦煌に多い。

ともかく源信にも見られる、巨大な仏の姿を観ずるということの傾向は、シルク・ロードのそれを受けていると考えられる。

極楽浄土にも昼夜があり、一劫とか十二劫とかいうふうに時間が限られている。もしも限られているならば「極楽」とは言えないではないか、という疑問が起る。これに対して源信は、

たとひ恒劫《こうこう》を経るまで蓮花開かざらんも、既に微苦《びく》なし。あに極楽にあらざらん。（二六五ページ）

と答えている。時間的限定はあっても、少しも苦しみがないから、やはり「極楽」なのだ、と言うのである。

双観経に云ふが如し。「その胎生《たいしょう》の者の処する所の宮殿《くでん》、或は百由旬、或は五百由旬にして、おのおのその中に於てもろもろの快楽《けらく》を受くること、忉利天《とうりてん》の如し。」と。（二六五ページ）

仮りの浄土に生まれる者が住む宮殿は、百ヨージャナとか五百ヨージャナとかの高さがあり、その中では三十三天の世界におけるようにあらゆる楽しみを受けることができるというのである。

サンスクリット原文には、次のように言う。――

「師は言われた――「アジタよ、あなたは、また、かの〈幸あるところ〉という世界において、これらの人間たちが高貴な蓮花の萼の中に住んでいるのを見たであろうか。」と。かれは言った――「たとえば三十三天の天人たち、あるいは、ヤマ天の天人たちが、五十ヨージャナ、あるいは百ヨージャナ、あるいは五百ヨージャナの宮殿に入って、遊び、楽しみ、歩きまわるように、師よ、わたくしはかの〈幸あるところ〉という世界において、これらの人間たちが高貴な蓮花の萼の中に住しているのを見ました。」」（『浄土三部経』上、一〇五～一〇六ページ）

ところで仏国土（浄土）は多数存するが、それらのあいだに優劣の差があるのは、工合が悪いではないか、という疑問が起る。質問者が問題を提起する。

問ふ。双観経に説かく、「ここに於て、広く徳本《とくほん》を植《う》ゑ、恩を布《し》き恵《めぐみ》を施して、道禁《どうきん》を犯すことなかれ。忍辱《にんにく》・精進・一心・智慧にして、転《うた》た相教化《あいきょうけ》し、善を立て意《こころ》を正しくして、斎戒清浄なること、一日一夜すれば、無量寿仏国にありて、善をなすこと百歳するに勝れり。所以はいかん。かの仏の国土は、無為自然《むいじねん》にして皆衆善《しゅぜん》を積み、毛髪ほどの悪もなければなり。ここに於て、善を修すること十日十夜すれば、他方の諸仏の国中に於て、善をなすこと千歳するに勝れり」と。（二六七～二六八ページ）

その趣意は――

「あなたたちはこの世において広く福徳の根を植えなさい。恩恵を布き、与えることをし、道に違背せず、忍耐と、努力と、精神集中と、智慧とをもって、次々に教化し、福徳を積み、善を実行しなさい。正しい心、正しい意志で一日一夜の間、戒を守り清浄であったら、〈幸あるところ〉という世界にあって百年の間善をなすよりもその方がすぐれているのだ。それは何故かというと、かの仏国土はなんとなく自然に皆、さまざまな善を実行していて、いささかの悪もそこにはないのだ。この仏国土で十日十夜の間善を実行すれば、他方の諸仏国土において千年間善を実行するよりもその方がすぐれているのだ。」

（『浄土三部経』上、一〇〇～一〇一ページ）

というのである。この部分に相当するサンスクリット原文は残っていない。漢訳者が挿入したのではないかと考えられている。

次に、極楽はどこにあるのか？——その所在を問題とする。

問ふ。極楽世界は、ここを去ること幾《いく》ばくの処なるや。

答ふ。経に云く、「これより西方、十万億の仏土を過ぎて極楽世界あり。」と。（二六八～二六九ページ）

『阿弥陀経』のサンスクリット原文には次のようにいう。

「そこで師は、シャーリプトラ長老に言われた——「シャーリプトラよ、ここから西方に百万億の仏国土を過ぎたところに、〈幸あるところ〉という名の世界がある。そこに、無量寿（アミターユス・かぎりなき命）と名づける如来・尊敬さるべき人・正しく目ざめた人が現に今住んでおり、身を養い、日を送り、法を説いているのである。」」（『浄土三部経』下、七八ページ）

『大無量寿経』の原文のうちにも同様の記述がある。

「このように言われたとき、アーナンダ長老は師に向かってこう言った——「それでは、師よ、かの修行僧・求道者・すぐれた人ダルマーカラは、この上ない正しい覚りを現に覚り得て、過ぎ去り、永遠の平安に入ってしまわれたのでありましょうか、それとも、未だ現に覚っていられないのでありましょうか、それとも、現においでになって、現に覚られ、現に住され、その身を養われ、日を送られ、法を説いていられるのでありましょうか。」と。

師は言われた——「アーナンダよ、かの如来は過ぎ去ったのでもないし、未だ来られないのでもない。そうではなくて、正しい覚りを現に覚った如来・尊敬さるべき人は、これより西、百千億・百万番目の仏国土である〈幸あるところ〉という世界に現に住し、身を養い、日を送り、法を説いていられる。〈無量光〉と名づけられる如来・尊敬さるべき人・正しく目覚めた人は、無量の求道者たちにとりまかれ、無限の、教えを聞くのみの修行者たちに尊敬せられ、限りなくみごとな仏国土を完成されたのだ。」」（『浄土三部経』上、四五ページ）

しばらくのあいだでも念仏をとなえた者は、来世に必ず益があるということを主張するところで、次の文句を引用している。

華厳の偈に、経を聞ける者の、転生《てんしょう》の時の益《やく》を説いて云ふが如し。「もし人、聞くに堪《かん》任《にん》〔たえること〕せるものは　大海　及び劫尽《こうじん》の火の中にありといへども　必ずこの経を聞くことを得ん」と。〈「大海」とは、これ竜界なり〉（二七七ページ）

ここで源信は、経を聞いた者はすぐれた益を受けることができる、と解している。しかしサンスクリット原文の文章は少しく異なる。

「かれら、疑いをいだくことの無い者どもは（asaṃdigdhāḥ）、たとい大海の水の中に沈んでも、あるいは一劫のあいだ焼きつづける火の中に投げ込まれても、この法門(dharmaparyāya)を聞くことができる(bhavya)。

しかるに疑い(vimati)をいだいている者どもは、疑惑(saṃśaya, pl.)に取りつかれて、決してこの(教え)を聞くには至らないであろう。(一)」

(一) *Daśabhūmīśvaro nāma Mahāyānasūtram*, ed. by Ryūko Kondō, Tokyo : The Daijyō Bukkyō Kenyō-kai, 1936, pp.13-14, vv.5-6.

原文では、疑いをいだかない者はいつかは『華厳経』のうちの十地を説く経典(十地経)を聞くことができるはずである、ということを説いているのである。

ここで「できる」という意味を表現するのにbhavyaという語を用いているのは興味深い。それは「資格がある」「選ばれている」という意味で、インド哲学一般で用いられる。つまり信仰の有る者と無い者とを区別しているのである。そうして右のサンスクリットの詩は極楽往生とは直接に関係が無い。ところが源信は、これを念仏の前段階の思想と解しているようである。

華厳を信ずる者にして、既にかくの如し。念仏を信ぜん者、あにこの益なからんや。

(二七七ページ)

なおかれが「大海とは竜界なり」と説明しているのは、かれ自身の説明である。原文から見ると、生死輪廻を恐ろしい大海に譬えているが、その譬喩はインドの仏典およびジャイナ教聖典によく見られるところである。

さらに極楽に生れる人の数が多いか、少いか、ということを論ずる。

双観経に云く、

仏、弥勒《みろく》に告げたまはく、「この世界に於て、六十七億の不退《ふたい》の菩薩ありて、かの国に往生せん。一々の菩薩は、已に曾《かつ》て無数《むしゅ》の諸仏を供養し、次《つい》で弥勒の如し。もろもろの小行《しょうぎょう》の菩薩、及び少功徳を修する者、称計《しょうげ》すべからず。皆当《まさ》に往生すべし。他方の仏土も亦またかくの如し。その遠照《おんしょう》仏の国の百八十億の菩薩、宝蔵仏の国の九十億の菩薩、無量音仏の国の二百廿億の菩薩、甘露味仏の国の二百五十億の菩薩、竜勝仏の国の十四億の菩薩、勝力《しょうりき》仏の国の万四千の菩薩、師子《しし》仏の国の五百の菩薩、離垢《りく》光《こう》仏の国の八十億の菩薩、徳首仏の国の六十億の菩薩、妙徳山《みょうとくせん》仏の国の六十億の菩薩、人王《にんのう》仏の国の十億の菩薩、無上花《むじょうけ》仏の国の無数不可称計《むしゅふかしょうげ》の不退のもろもろの菩薩は、智慧勇猛《ゆうみょう》にして、已に曾て無量の諸仏を供養し、七日の中に於て、即ち能く百千億劫の大士《だいじ》の修する所の、堅固の法を摂取《せっしゅ》せり。無畏仏の国の七百九十億の大菩薩衆と、もろもろの小菩薩及び比丘等は、称計すべからず。皆当に往生すべし。ただこの十四の仏国の中のもろもろの菩薩等の、往生すべきのみにあらず。十方世界の無量の仏国より、その往生の者も亦またかくの如く、甚だ多く無数なり。我、ただ十方諸仏の名号《みょうごう》、及び菩薩と比丘のかの国に生ぜん者を説かんに、昼夜一劫すともなほいまだ竟《おわ》ることあたはず」と。

と。（二七八～二七九ページ）

そのサンスクリット原文には次のように言う。

「このように言われたとき、求道者アジタ（＝弥勒）は師に向かってこのように言った

――「師よ、どうでありましょうか。完全なものとなった求道者たちは、この仏国土、あるいは他の世尊・目ざめた人たちのところから〈幸あるところ〉という世界に生まれるでありましょうか。」と。

師は言われた――「アジタよ、七十億・百万の、完全なものとなった求道者たちは、実に、この仏国土から〈幸あるところ〉という世界に生まれるであろう。（かれらは）数百千億・百万の目ざめた人たちのみもとで、いろんな善の根を植えて、完全なものとなって退かないのだ。況んや、これより小さい善の根（を植えた者たち）においては勿論のことだ。」」（『浄土三部経』上、一〇九ページ）

次に諸方の仏国土から極楽に生れて来る菩薩たちのことを列挙する。

「ドゥシプラサハ（忍び難き）如来のみもとから千八百億・百万の求道者たちが〈幸あるところ〉という世界に生まれるであろう。

東北方にラトナーカラ（宝蔵）と名づけられる如来が住していられるが、そのみもとか

ら九十億の求道者たちが〈幸あるところ〉という世界に生まれるであろう。

ジョーティシ・プラバ（炎の光）如来のみもとから二十二億の求道者たちが〈幸あるところ〉という世界に生まれるであろう。

アミタ・プラバ（無量の光）如来のみもとから二十五億の求道者たちが〈幸あるところ〉という世界に生まれるであろう。

ローカ・プラディーパ（世間の燈火）如来のみもとから六十億の求道者たちが〈幸あるところ〉という世界に生まれるであろう。

ナーガ・アビブー（優越者である竜）如来のみもとから六十四億の求道者たちが〈幸あるところ〉という世界に生まれるであろう。

ヴィラジャハ・プラバ（汚れなき光）如来のみもとから二十五億の求道者たちが〈幸あるところ〉という世界に生まれるであろう。

シンハ（獅子）如来のみもとから十六億の求道者たちが〈幸あるところ〉という世界に生まれるであろう。

シンハ（獅子）如来のみもとから一万八千の求道者たちが〈幸あるところ〉という世界に生まれるであろう。

シュリー・クータ（幸福の峯）如来のみもとから一万八千十一億・百万の求道者たちが〈幸あるところ〉という世界に生まれるであろう。

ナレーンドラ・ラージャ（人中の王）如来のみもとから十億・百万の求道者たちが〈幸あるところ〉という世界に生まれるであろう。

バラ・アビジニャ（力ある神通）如来のみもとから一万二千の求道者たちが〈幸あるところ〉という世界に生まれるであろう。

プシパ・ドヴァジャ（花の幢）如来のみもとから二十五億の精進を得た求道者たちが十八日の間一向に進み、九十九・百千億・百万劫の間の輪廻《りんね》を滅ぼして、〈幸あるところ〉という世界に生まれるであろう。

ジヴァラナ・アディパティ（燃える炎の主）如来のみもとから十二億の求道者たちが〈幸あるところ〉という世界に生まれるであろう。

ヴァイシャーラディヤ・プラープタ（自信を得た）如来のみもとから六十九億の求道者が無量光如来に見《まみ》え、礼拝し、仕え、問い、究明するために、〈幸あるところ〉という世界に生まれるであろう。

このように、アジタよ、満億・百万劫の間、かの無量光如来に見え、礼拝し、事《つか》えるためにかの〈幸あるところ〉という世界に往くかれら求道者たちの属しているかれら如来たちの名をわたしが述べたとしても、なおその限界に達することはできないのだ。」（同、上、一〇九～一一一ページ）

こういう経文を引用したあとで、源信は、少しの善を修しただけでも極楽に往生し得るということを説いている。

このもろもろの仏土の中に、今娑婆《しゃば》世界に少善を修して、当に往生すべき者あり。我等、幸《さいわい》に釈尊の遺法《ゆいほう》に遇ひたてまつり、億劫の時に一たび少善往生の流《ながれ》に預《あずか》れり。応に務めて勤修すべし。時を失ふことなかれ。（二七九ページ）

ところがこのような説に対しては、疑問が起る。——経典の中には「僅かばかりの善を行なったのでは極楽往生はできない」と説かれているではないか。

問ふ。もし少善根もまた往生することを得ば、いかんぞ経に、「少善根・福徳の因縁を以て、かの国に生るることを得べからず」と云へるや。

右の引用文の原文は、

「シャーリプトラよ、生ける者どもは、質の劣った善行によって無量寿如来の仏国土に生まれることはできない。」（『浄土三部経』下、八二ページ）

となっている。

これに対して源信は、「多大」とか「僅少」というのは、けっきょく相対的な問題であり、そこに矛盾は存在しない、と答えている。

答ふ。これには異解《いげ》あるも、繁《しげ》く出すことあたはず。今私《わたくし》に案じて云く、大小は定めなし、相待《あいたい》して名を得。大菩薩に望むればこれを少善と名づけんも、輪廻の業《ごう》に望むればこれを名づけて大となす。この故に、二経の義、違ひ害《そこな》はず。（二七九ページ）

さらに平生に行ずる諸種の念仏の様相について、これには多種あるが大きく分けて四つ、即ち、一、定業《じょうごう》、坐禅入定して仏を観ずる、二、散業《さんごう》、行住坐臥、心を調えることなく仏を念ずる、三、有相業《うそうごう》、或は相好《そうごう》を観じ或は名号《みょうごう》を念じて偏《ひと》えに穢土《えど》を厭い、もっぱら浄土を求める、四、無相業《むそうごう》に分けられるという。最後の「無相業」が、極楽と〈空〉の観念とどういう関係にあるのか、ということで、大乗仏教の根本的な問題として提起される。究極の境地は〈無相〉であるはずではないか。

　これについて源信は、次のように説明している。

謂く、仏を称念し浄土を欣求《ごんぐ》すといへども、しかも身土は即ち畢竟空《ひっきょうくう》にして、幻の如く夢の如く、体《たい》に即して空《くう》なり、空なりといへども、しかも有《う》なり、有にあらず空にあらずと観じて、この無二に通達し、真に第一義に入るなり。これを無相業と名づく。これ最上の三昧なり。故に双観経に、阿弥陀仏は、「諸法の性《しょう》は　一切空・無我なりと通《つう》達《だつ》すれども　専ら浄き仏土を求め　必ずかくの如き刹《くに》を成ぜん」と言へるなり。（二七九〜二八〇ページ）

　この句はサンスクリット原文にも、他の諸訳にも見当らないから、魏訳の原典にだけあったのであろう。[一] 魏訳の原典は、ここに大乗仏教の〈空〉の哲学をもち込んで明示しているのである。

（一）南条文雄『仏説無量寿経梵文和訳、支那五訳対照』無我山房、明治四十一年、二一三〜二一四ページ。

ところで『観無量寿経』などに説くのは、けっきょく仏の「色身」すなわち有相の観想を教えているわけである。しかるに、『金剛経』には、

もし色《しき》を以て我《が》を見《み》 音声《おんじょう》を以て我を求めば この人は邪道を行じて 如来を見たてまつることあたはず（二八三ページ）

と言うのは何故であるか？

原文には、

「かたちによって、わたしを見、
声によって、わたしを求める者は
まちがった努力にふけるもの、
かの人たちは、わたしを見ないのだ。」（*Vajracchedikā*, §26）

となっている。

こういう疑問に対して源信は、「大師（釈尊）の説教は義に多門あり」（二八四ページ）ということで、片づけている。

また生きている間に、散々悪いことをした人間が、臨終にちょっとお念仏を唱えただけで救われるというのは、おかしくはないか？　という疑問が起る（これは今日でも、念仏行に対して人々のいだいている疑問である）。

問ふ。生れてよりこのかた、もろもろの悪を作りて一善をも修せざる者、命終の時に臨み、纔《わず》かに十声念ずるのみにて、なんぞ能く罪を滅し、永く三界を出でて、即ち浄土に生れん。（二八六～二八七ページ）

この疑問ないし非難は、ギリシア人であったメナンドロス王も同様にいだいていたものであった。パキスタン北部か、インドのウッタルプラデーシュ州のどこかで行われたナーガセーナ長老との対談は有名であるが、源信は、その対談に言及して答えている。

〔A〕答ふ。那先《なせん》比丘《びく》問仏経に言ふが如し。「時に弥蘭《みらん》〔Milinda＝Menandros〕王あり、羅漢那先《らかんなせん》〔Nāgasena〕比丘に問ひて言く、「人、世間にありて悪を作り、百歳に至らんに、死の時に臨んで念仏せば、死後、天に生るといふも、我この説を信ぜず」と。また言く、「一の生命を殺さば、死して即ち泥梨《ないり》〔地獄〕の中に入るといふも、我また信ぜざるなり」と。比丘、王に問ふ、「もし人、小石を持ちて水中に置在《お》かば、石は浮ぶや没《しず》むや」と。王言く、「石は没むなり」と。那先言く、「もし今、百丈の大石を持ちて船の上に置在《お》くに、没むやいなや」と。王言く、「没まず」と。那先言く、「船の中の百丈の大石は、船に因りて没むことを得ざるなり。人、本《もと》の悪ありといへども、一時、仏を念ずれば、泥梨に没まずして便ち天上に生ること、なんぞ信ぜざらんや。その小石の没むは、人の悪を作り、経法《きょうぼう》を知らずして、死後便《すなわ》ち泥梨に入るが如し。なんぞ信ぜざらんや」と。王言く、「善いかな、善いかな」と。

〔B〕比丘の言く、「両人倶《とも》に死して、一人は第七の梵天に生れ、一人は罽賓《けいひん》〔Kaśmīra＝カシュミール〕国《こく》に生るとせんに、この二人は、遠近異《おんごんことな》りといへども、死せしときは則ち一時に到りしが如し。一双の飛鳥ありて、一は高き樹の上に止《とま》り、一は卑《ひく》き樹の上に止らんに、両鳥一時に倶に飛ばんには、その影倶に到らんが如きのみ。愚人、悪を作れば殃《つみ》を得ること大きく、智人、悪を作るも殃を得ること少きが如し。焼けたる鉄の、地にあらんに、一人は焼けたりと知り、一人は知らずして、両人倶に取らば、しかも知らざる者は手爛《ただ》るること大きく、知れる者は少《すこ》しく壊《やぶ》れんが如し。悪を作るもまたしかり。愚者は、自《みずか》ら悔ゆることあたはざるが故に殃を得ること大きく、智者は、悪を作りて不当なるを知るが故に、日に自ら悔ゆることをなす。故にその罪少《すくな》し」と。」と。（二八七〜二八八ページ）

〔A〕宗教上の功徳のうちでも一般世俗人のために特に重視されるのは、仏を念ずるということである。後世の仏教、殊に浄土教においては、念仏ということが特に最も肝要な宗教的修行であると見なされるのであるが、このような思想の萌芽はすでに西紀前二世紀に、インドの北部かパキスタンの北部あたりに現われていた。全然別の文化的世界に生れ育ったギリシア人が、念仏に関してどのように考えたかということを明らかにするのは、われわれにとって興味ある思想史的課題であろう。

源信の引用した一節に対応する部分を、パーリ文の『ミリンダ王の問い』

(*Milindapañha*, p. 80f.) から訳出してみよう。

「尊者ナーガセーナよ。あなたがたはこのようにいわれます。——『たとい百年間も悪を行なっても、臨終に一たび仏を念ずることを得たならば、その人は天上に生ずることができるであろう。』と。わたくしはこのことを信じません。またあなたがたはこのようにいわれます。——『一たび殺生を行なっても地獄に生まれるであろう』と。わたくしはこのことをもまた信じません。」

そこでナーガセーナが反問する。

「あなたはどうお考えになりますか？　小さい石でも船なくして水の上に浮かぶでしょうか？」

「尊者よ。そうではありません。」

「大王よ。百の車に積むほどの石屑でも、船に載せられたならば、水の上に浮かぶでしょうか？」

「尊者よ。そうです。水の上に浮かぶでしょう。」

「大王よ。善業はあたかも船のごとくに見なさるべきであります。」

この部分の漢訳を次に示す。

「船の中の百枚の大石は、船によるが故に没するを得ず。人、本の悪ありといえども、一時にても念仏せば、ここをもっての故に泥梨（＝地獄）の中に入らず、便《すなわ》ち天上に生ず。

（船によらずして直ちに水の上に置かれたる）その小石の没するは、人が悪をなし、仏経を知らずして、死してのち便ち泥梨の中に入るがごとし。」（『那先比丘経』下、『大正新脩大蔵経』三二巻七一七ページ中）

右の対論においても、善業の力は悪業の力よりも大きいと考えていたことが知られる。ここにもインド人の楽観的見解が認められる。また浄土教と連関をつけて考える場合に、特に注視すべきこととしては、念仏の行ないを善業の一つとして考えているのであり、善悪の立場を超えたものとは考えていないようである。

なお、ここには「易行道《いぎょうどう》」の観念の萌芽が存すると考えられる。後世の仏教哲学者ナーガールジュナ（竜樹）の主張したところによると、仏教には「難行道」と「易行道」とがある。「難行道」すなわち行き難き道とは、自力の修行によって究極の境地に到達する修行である。それは陸路の困難な歩行に譬《たと》えられる。これに対して、「易行道」すなわち行き易き道とは、ただひとえに仏を信ずるという安易な修行である。それは水路を舟に乗って進むようなものであるという。そうして、かれは特に無量寿仏を信ずるという易行道の実践を説きすすめた。仏を信じ仏を念ずることを船に乗ることに譬えるという点で、ナーガセーナの主張は、ナーガールジュナのそれと一脈相通ずるところがある。ナーガールジュナの易行道の教説は、後世の浄土教においては重要な意義を有するものとなった。

ところで、ただ「仏を信じ仏を念ずる」というただそれだけのことによって生死罪悪の凡夫が救われるという教説は、ギリシア思想には存在しなかったといってよいであろう。ギリシア人は多くは現世における調和と美とに意義を認めていたのであって、生死罪悪の凡夫というような宗教的意識に乏しかった。かれらが重視したところのものは智慧の獲得である。これは、ギリシア人の間では、インド人におけるように宗教的な意味における罪障の意識が深刻でなく、その感じが鋭敏でなかったことに由来するのであろう。なるほどギリシア人の間では、人倫の理法に従おうとする道徳意識は相当に著しかった。あえてソークラテースの実例を俟つまでもないであろう。しかし、人間のうちに存する根源悪というものについての自覚と、絶望の深淵に開かれる大慈悲の光明とは、かれらには縁遠いものであった。したがって、ギリシア人メナンドロス王が、仏を信ずることによる救いという観念に向かって質問の矢を放ったことは、けだし当然であろう。

ただしギリシア人が後代に至るまで念仏的な心情や儀礼と無関係であったと考えるのは誤りである。現代に至るまでアトス山の修道院は、イエス・キリストの名をくり返し唱える連禱の儀礼で有名である。

ところで仏教が問題とするのは、客観的自然ではなくて、人間の主体的自己のありかたそのものである。主観的心情としては悪から離脱しようといかに努めても、なお、どうしても悪から脱することのできない人間、――それを救うものは絶対の慈悲である。それは人間のものでありながら、しかも人間を超越している。それは人間社会における善悪の対立とは次元を異にするものである。人間社会の道徳観によるならば、念仏は善という部類のうちに、おさめるべきものであるかどうかは解らないし、また虫螻蛄《けら》を殺すことは決して悪ではないであろう。しかし、宗教的見地からみるならば、前者は善であり、後者は悪である。そうして、この念仏に対応して現われる慈悲によって、如何なる悪人でも善人と同様に救われる。さればこそ、救いとる大慈悲は、われわれ人間にとって仏のかたより下されるもの、無量の光明として、われわれ人間に表象されるのである。

〔B〕ここでは、死後の再生の問題を論じているのである。

輪廻説の立場に立つと、当然、死後の世界が如何なるものであるかということが問題となる。仏教では、生きとし生けるものが死後に生まれかわる範囲としては、地獄・餓鬼・畜生・人間・天上の五つ（五道）を立て、或る場合には、それに阿修羅（asura）を加えて六道を立てる。ところで、メナンドロス王は、そこに生まれるまでの時間的経過を問題とする。

「尊者ナーガセーナよ。この世で死んだ人が梵天界に生まれるのと、この世で死んだ人がカシュミール（西北インドの一地方）に生まれるのと、どちらが遅く、どちらが早いですか？」

「大王よ。同時です。」

ナーガセーナはこの道理をメナンドロス王に理解させるために、次の反問を開始する。

「大王よ。あなたの出生された都市はどこですか？」

「尊者よ。カラシ（Kalasi）という村があります。そこでわたくしは生まれました。」

「大王よ。カラシ村はここからどれだけ距《へだ》っていますか？」

「尊者よ。二〇〇ヨージャナはあります。」

「大王よ。カシュミールはここからどれだけ距っていますか？」

「尊者よ。一二ヨージャナはあります。」

「大王よ。さあ、カラシ村を思念してください。」

「尊者よ。思念しました。」

「大王よ。さあ、カシュミールを思念してください。」

「尊者よ。思念しました。」

「大王よ。いずれが遅く思念され、いずれが速く思念されましたか？」

「尊者よ。同時です。」

「大王よ。それと同様に、この世で死んだ人が梵天界に生まれるのと、この世で死んだ人がカシュミールに生まれるのとでは、両人とも同時に生まれるのです。」」

さらに、かれは他の譬喩を以て教える。

「「大王よ。あなたはどうお考えになりますか？　二羽の鳥が空中を飛んでいて、そのうちの一羽は高い樹に止まり、一羽は低い樹に止まったとしましょう。かれらが同時に止まったとき、いずれの影がはじめに地上に映り、いずれの影が遅く地上に映るでしょうか？」

「尊者よ。同時です。」

「大王よ。それと同様に、この世で死んだ人が梵天界に生まれるのと、この世で死んだ人がカシュミールに生まれるのとでは、両人ともに同時に生まれるのです。」」

この問答からみると、死後に他の世界に生まれるということは、空間的な距離を超越しているのである。現実にわれわれの生存している環境的世界においては空間的な距離があるが、形而上学的な領域においては、それを超越している、と考えていたのであろう。

このようにして、生きとし生けるものは永遠の流転を繰り返すのであるが、右の対話からも明らかなように、神々といえども流転輪廻の世界のうちに存するのである。このような観念はギリシアにも部分的に現われたようである。例えば、エンペドクレースなどは、神々も不死ではないという。しかし、神々が輪廻するという思想は、ギリシアには現われなかったらしい。ギリシア人が一般に神々を人間のたよるべきものと認めたのに対して、インド人は一般に神々をも越えた境地に絶対的意義を認めようとしたのである。(一)

(一)　以上の所論〔A〕〔B〕について、詳しくは、中村『インドとギリシアとの思想交流』（春秋社、昭和四十三年、〔A〕四四七ページ以下、〔B〕三八五ページ以下）参照。

では、品性の劣っている人間はどこに生れるのであるか、このことを問題とする。

問ふ。下品生の人の、ただ十念し已りて即ち浄土に生るるは、いづれの処にして軽く受くるや。

これらの人々の生れる特別の場所が想定されている。

答ふ。双観経に、かの土の胎生《たいしょう》の者を説いて云く、「五百歳の中、三宝を見たてまつらず、供養してもろもろの善本を修することを得ず。しかもこれを以て苦となし、余の楽ありといへどもなほかの処を楽《ねが》はず。」と。（二九六ページ）

これに対応する文章は、サンスクリット原文ではかなり長く述べられている。

「実に、また、師よ、かしこには、蓮花の中に自ら化生し、両脚を組んだ姿で現われる生ける者どもがおります。師よ、このようなことにはどのような原因、どのような条件があったのでありましょうか。ある者どもは尊の住所に住んでおり、しかるに、他のある者どもは蓮花の中に自ら化生し、両脚を組んだ姿で現われております。」と。

師は言われた――「アジタよ、他の仏国土に住んでいた求道者たちが、〈幸あるところ〉という世界に生まれることに疑いを生じ、この思いを持ったままでいろいろな善の根を植えたりしたときに、かれらのために、かしこに、尊の住所があるのだ。一方、なんにも疑いを生ぜず、惑いを断ち切って、〈幸あるところ〉という世界に生まれるためにいろいろな善の根を植え、目ざめた人たち・世尊たちのとらわれることのない智慧について考え、信じ、よく理解する者たちは、蓮花の中に自ら化生し、両脚を組んだ姿で出現するのだ。アジタよ、他のいろんな仏国土に住し、尊敬さるべき人・正しく目ざめた人・無量光如来を見たいと思って、心をおこし、疑いを生ぜず、とらわれることのない目ざめた人の智慧に惑わず、また、自分の（植えた）善の根を信じている、かれら求道者たち・立派な人たちは、両脚を組んだ姿で出現するのだ。ほんの一寸の間に、生まれてからすでに長い間経っている他の生ける者どもの体と同じような体が（ちゃんと）あるのだ。アジタよ、智慧の相違と、智慧の次第とを見よ。（また、）疑いに堕した想いを抱くことによって、このように五百歳の間、目ざめた人を見ることや、求道者を見ることや、法を聞くことや、法を語ることや、善の根を実行することから退堕し、一切の善の根をそなえることから退堕するようになったところの、智慧の減退と、智慧の狭さとを見よ。」（『浄土三部経』上、一〇六～一〇七ページ以下）

このヒントにしたがって、親鸞は、疑いがあるために極楽のうちでも胎宮に生れる者を一つの部類として確定した。

源信は浄土教以外の実践法を決して否定しているのではなかった。いや、それらをすべて承認しているといってよいだろう。

法華経に云ふが如し。「十方仏土の中には　ただ一乗《いちじょう》〔対立・相対を超えた絶対の一〕の法のみありて　二もなくまた三もなし　仏の方便の説を除く」と。（三〇一ページ）

その原文は、次のように言う。

「乗り物（実践法）は実に一つである。第二の乗り物は存在しない。第三の乗り物も世間にはけっして存在しない。――ただ最高の人々（ブッダ）の方便として、乗り物が別々であると説かれる場合を除いては。」(*Saddh. P.*, II, v. 54, p. 43)

ただ自分の奉ずる教えだけがすぐれているという増上慢は、避けなければならない。法華《ほっけ》に、「増上慢《ぞうじょうまん》の人は、二百億劫、常に法を聞かず」（三〇八ページ）その原文は次のとおりである。

「その求道者（常不軽菩薩）に対して瞋恚《しんに》の心を起したものどもは、二十百万億劫のあいだ決して如来を見なかったし、法という語も、サンガ（Saṅgha）という語も聞いたことが無かった。」(*Saddh. P.*, p. 323, *ll.* 10-12)

さとりを得てもいないのに、すでにさとっていると思って慢心している人は、教えを聞こうとしない、というのである。源信はこういう心的態度を非難しているのである。

浄土教の慈悲は、非常にゆるやかである。心の奥底に疑いをもっている者でさえも、救われるのである。

双観経に云ふが如し。「もし衆生ありて、疑惑の心を以てもろもろの功徳を修し、かの国に生れんと願ひ、仏智・不思議智・不可称智・大乗広智・無《む》等《とう》無《む》倫《りん》最上勝智を了《さと》らず、この諸智に於て疑惑して信ぜず、しかもなほ罪福を信じ、善本《ぜんぽん》を修習《しゅじゅう》して、その国に生れんと願はん。このもろもろの衆生、かの宮殿《くでん》に生れて、寿《いのち》五百歳、当に仏を見たてまつらず、経法《きょうぼう》を聞かず、菩薩・声聞・聖衆《しょうじゅ》を見ざるべし。この故に、かの国土に於てはこれを胎生《たいしょう》と謂ふ。」と。（三〇九～三一〇ページ）

そのサンスクリット原文には、次のように言う。

「師は言われた――「アジタよ、疑いに堕しながらも、いろいろな善の根を植え、目ざめた人の智慧や、匹敵するもののない智慧を疑ってはいても、目ざめた人の名を聞くことによって、また、ただ心をきよく澄ませるということだけで、〈幸あるところ〉という世界に生まれる求道者たちも、また、実に、そのようであるのだ。かれらは、蓮花の中に自ら化生し両脚を組んだ姿で出現するのではなくて、蓮花の蕚の中に住するのだ。さりながら、かれらはかしこにあって、園林や天宮の想いをおこし、大小便なく、唾も鼻汁もなく、心に不快なことがおこったりすることもない。しかしながら、かれらは、五百年の間、目ざめた人に見《まみ》えることや、法を聞くことや、求道者に見えることや、法を論議したり決定したりすることや、一切の善き法を実行することから遠く離れているのだ。また、かれらは、かしこにおいて、楽しむこともなく、満足することもない。しかしながら、かれらは、過去世の罪を断ち尽くして、かの蓮花の蕚の住まいから出るのだけれども、上へ出るのか、下へ出るのか、横へ出るのか知らないのだ。アジタよ、見よ、このように五百年の間、数百千億・百万の目ざめた人たちに仕え、多くの、不可計な、無数・無量の善の根を植えるべきであったのに、かれらは、疑いの咎《とが》によって、全くそれを絶滅してしまうのだ。見よ、アジタよ、求道者たちの疑いはいかに大きな不利益となるかを。それ故に、では、アジタよ、一切の生ける者どもに利益や幸福を与える能力をすみやかに得るために、求道者たちは、疑いを持たず、覚りに向かって心をおこし、世尊・尊敬さるべき人・正しく目ざめた人・無量光如来のおわす〈幸あるところ〉という世界に生まれるために、いろいろな善の根を熟するようにしなければならないのだ。」と。」（『浄土三部経』上、一〇八～一〇九ページ）

修行のためには、人間は互いに助け合わねばならない。

法華に云く、「善知《ぜんち》識《しき》はこれ大因縁なり。」と。（三一六ページ）

これに対応するサンスクリット原文は、かなり詳しい。

「大王よ。そなたの言うとおりだ。そのとおりだ。立派な男子または女子が善根を植えたならば、かれらがいかなる生存状態に生れまた死んで、いかなる境遇にあろうとも、師としての役割（śāstṛkṛtya）をはたしてくれる善き友が現れることは、容易である。かれら善き友は、〈無上の完全なさとり〉に到達するように教えさとし、導き、成熟させてくれるのである。如来に会うようにはからってくれる者が善き友として認められるというこの道理（sthāna）はすばらしいことである。」（*Saddh. P.*, XXV, p. 380, *ll.* 22-27）

結語 『往生要集』に対する評価

『往生要集』は、信仰をそのまま述べた書ではない。むしろ信仰に関する自分の疑問を学問的に解決した書である。

この書は、法然上人の『一枚起請文《きしようもん》』だの、唯円房《ゆいえんぼう》の『歎異抄《たんにしよう》』などとは全く性格を異にする。

戦後まもないときに、或る高名な仏教思想家が言われたことがある。

「徳の高い高僧が、静かに〝なあむあーみだーぶう〟といってお十念を授けて下さるので、有難みを感じるのですなあ。文学博士の授けてくださるお十念では、どうも有難くないですなあ！」

この方は、明治末期か大正初期の、権威ある文学博士のことを頭において言われたのであろうが、この『往生要集』は、平安時代中期の、当時としては最も学殖ゆたかな、まさに「文学博士」の論著なのである。

この一々の詳細を紹介することはできなかったが、平安時代の思想家でこれほど論理的に徹底した人が、ほかにどれだけいただろうか。

しばしば日本最大の思想家と呼ばれる道元禅師の場合と比較してみよう。道元の著作のうちには、諸々《もろもろ》の立言のあいだの論理的な脈絡のはっきりしないことがしばしばである。禅僧または神秘家の立場としては、やむを得ない、また当然のことであろう。

ところが源信はどこまでも理詰めである。合理主義的な議論を展開することによって自分の信仰を学問的な確信の境地にもたらしている。あるいは、学問的な論議によって自分の信仰を確立している、と言ってもよいであろう。

そうしてその信仰を他の人々と共にしようと願っていたのであった。

已に聖教《しょうぎょう》及び正理《しょうり》に依りて　衆生を勧進して極楽に生れしむ　乃至展転《てんでん》して一たびも聞かん者　願はくは共に速かに無上覚《むじょうかく》を証《しょう》せん（三二〇ページ）

著者は当時の人としては、恐ろしく博学であり、博引旁証に努めている。全体の三分の二が経典または古典からの引用であり、かれ自身の筆になるところも経典の内容のパラフレーズの場合が多い。

それも、単に知識を誇るために引用しているのではなくて、しばしば、経典の所説がいろいろと矛盾していること「諸文桙楯《しょもんむじゅん》」（二六七ページ）を問題としているのである。また世間の人々が浄土教を批判したり非難するのに対しても答えている。

ただし、かれは近代的な合理主義者ではない。かれの用いている論理は、演繹法である。「これこれの見解は、経典の所説に合している。経典の所説は、これこれである。

経典の説くところは真理である。故に、これこれの見解は正当である。」というのである。近代の若干の思想家が帰納法を採用しているのとは、根本的に異なる。論理の展開のしかたにおいて、源信はむしろ西洋中世の神学者や、イスラームの神学者のそれに近いであろう。

源信はまず「十」の章を立てている。「十」の数を重んずることは、恐らく華厳教学の影響であろうが、西洋でもヘレニズム時代の哲学者たちのうちには「十」の数を重んずる人々がいた。

かれは十の項目を立てるが、さらに、その下に幾つかの項目を立て、その一つ一つの下にまた小項目を立て、数でくくっている。これは顕著にインド的思惟の影響である。かれは、学者であったから、インド人一般のしかたにならったのであろう。

構想が雄大で、幻想も豊かな宗教的作品であるという点で、恵心僧都の『往生要集』とダンテの『神曲』とは似ているが、後者のほうが罪の種類が非常に多く、日本の場合と異なっている。

かれの学問は、後代の浄土教諸宗派の教学が確立するまでの移行過程のうちにあった。

日本の後代の浄土教では、とくに準拠される経典が『浄土三部経』としてまとめられた。

そうしてそれぞれ略称を以て呼ばれている。例えば「大経」と言えば、『大無量寿経』のこと、「小経」といえば『阿弥陀経』のことを言う。

ところが、『往生要集』のなかで「大経」とあるのは、『大般涅槃経』のことであって、『大無量寿経』のことではない。『大無量寿経』のことを「双観経」と呼んで引用している。そうして経典としての *Sukhāvatīvyūha*（『大無量寿経』のサンスクリット本）を引用するに当っては、種々の異訳から引用している。

また阿弥陀経を「小経」と呼んでいることがない。

故に源信は、日本の浄土教が浄土経典の権威性を確立する以前の段階に属しているということを示している。

源信は学殖豊富で、論理も尖鋭である。こういうむずかしい漢文の書が、一般民衆のあいだに弥陀信仰を鼓吹したとは思われない。むしろ当時弥陀信仰が次第に一般化して行きつつあったために、教義学的にその位置づけが論議されつつあり、その社会的時代的必要に促されて、源信がこの書をまとめるに至ったのではなかろうか。

源信はひとえに道を求める人であった。〈道を求める〉という立場に立つと、人間のあいだの差別もなくなってしまう。

宋の周文徳に与えた手紙の中でいう。

それ一天《いつてん》の下《もと》、一法《いつぽう》の中、皆四部の衆なり。いづれか親しく、いづれか疎《うと》からん。（三

二一ページ）

だからこそ、かれは自ら著した『往生要集』を、中国に帰る人に託して送ったのである。

故にこの文を以て、あへて帰帆《きはん》に附す。そもそも、本朝にありてもなほその拙《つたな》きを慙《は》づ。いはんや他郷に於てをや。しかれども、本より一願を発《おこ》せしことなれば、たとひ誹謗の者ありとも、たとひ讃歎する者ありとも、併《ならび》に我と共に往生極楽の縁を結ばん。

自分の学問の成果を外国に問おうとした点では、源信は日本思想史のなかで全く独自の意義をもっている。日本思想史をよく知っているアメリカ人の哲学教授が感想を洩らした、――「明治以後でさえ、日本の哲学者で自分の学説を外国文で書いた人はいないし、英語などに翻訳しようと努めた人もいなかったのは不思議である！」と。一貫して鎖国的であった日本の思想家たちのあいだで、源信は眼を外に開いていたのである。

かれの願うところは、みなともに極楽に往生しようということであった。

またかれは『往生要集』の末尾でいう、

我もし道を得ば、願はくは彼を引摂《いんじょう》せん。彼もし道を得ば、願はくは我を引摂せよ。乃至、菩提まで互に師弟とならん。（三二九ページ）

「互いに師弟となろう」。驚ろくべき表現である！

こういう文句は、西洋には無かったはずである。何となれば、西洋には殆んど輪廻転生の観念が成立しなかったからである。西洋中世では現世においては、Meister と Schüler との関係、master-apprentice-relationship は厳として存在し、逆にすることは許されなかったにちがいない。いわんや宗教教団においてはなおさらのことである。

これに対して南アジア、東アジアでは輪廻転生の観念は認められていたが、「互いに師弟となろう」というような、ひたすらな学問志向の精神は表現されなかったと思う。

源信は全くユニークな、独自の思想家であった。

本書の原本は、一九八三年五月、岩波書店より「古典を読む」シリーズ第五巻『往生要集』として刊行され、一九九六年九月には「同時代ライブラリー」として同社より再度刊行されました。本書の中には「シナ（支那）」という言葉が用いられている箇所がありますが、これは現代中国成立以前の地域や文物を指す「China」の意味で用いられており差別を助長する意図はないこと、また著者が物故者であることを考慮し、原本のままとしました。

（出版部）

中村　元（なかむら　はじめ）

1912年，島根県松江市生まれ。東京帝国大学文学部印度哲学梵文学科卒業。1954年から73年まで，東京大学教授を務めた。専攻はインド哲学・仏教学。文化勲章受章。1999年没。編著書に，『東洋人の思惟方法』『原始仏教』『龍樹』『佛教語大辞典』など多数。「中村元選集［決定版］」32巻・別巻8巻がある。

講談社学術文庫

定価はカバーに表示してあります。

往生要集《おうじようようしゅう》を読《よ》む

中村《なかむら》　元《はじめ》

2013年10月10日　第1刷発行
2024年11月15日　第10刷発行

発行者　篠木和久
発行所　株式会社講談社
東京都文京区音羽2-12-21 〒112-8001
電話　編集（03）5395-3512
販売（03）5395-5817
業務（03）5395-3615

装　幀　蟹江征治
印　刷　株式会社広済堂ネクスト
製　本　株式会社国宝社
本文データ制作　講談社デジタル製作

ISBN978-4-06-292197-8

「講談社学術文庫」の刊行に当たって

これは、学術をポケットに入れることをモットーとして生まれた文庫である。学術は少年の心を養い、成年の心を満たす。その学術がポケットにはいる形で、万人のものになることは、生涯教育をうたう現代の理想である。

こうした考え方は、学術を巨大な城のように見る世間の常識に反するかもしれない。また、一部の人たちからは、学術の権威をおとすものと非難されるかもしれない。しかし、それはいずれも学術の新しい在り方を解しないものといわざるをえない。

学術は、まず魔術への挑戦から始まった。やがて、いわゆる常識をつぎつぎに改めていった。学術の権威は、幾百年、幾千年にわたる、苦しい戦いの成果である。こうしてきずきあげられた城が、一見して近づきがたいものにうつるのは、そのためである。しかし、学術の権威を、その形の上だけで判断してはならない。その生成のあとをかえりみれば、その根は常に人々の生活の中にあった。学術が大きな力たりうるのはそのためであって、生活をはなれた学術は、どこにもない。

開かれた社会といわれる現代にとって、これはまったく自明である。生活と学術との間に、もし距離があるとすれば、何をおいてもこれを埋めねばならない。もしこの距離が形の上の迷信からきているとすれば、その迷信をうち破らねばならぬ。

学術文庫は、内外の迷信を打破し、学術のために新しい天地をひらく意図をもって生まれた。文庫という小さい形と、学術という壮大な城とが、完全に両立するためには、なおいくらかの時を必要とするであろう。しかし、学術をポケットにした社会が、人間の生活にとってより豊かな社会であることは、たしかである。そうした社会の実現のために、文庫の世界に新しいジャンルを加えることができれば幸いである。

一九七六年六月

野間省一